LES
ÉLECTIONS FRANÇAISES

DANS LEUR RAPPORT

AVEC

LA POLITIQUE EXTÉRIEURE

Prix : 1 fr. 50 cent.

PARIS

E. DENTU, LIBRAIRE-ÉDITEUR

PALAIS-ROYAL, 15, 17, 19, GALERIE D'ORLÉANS

1877

LES
ÉLECTIONS FRANÇAISES

DANS LEUR RAPPORT

AVEC

LA POLITIQUE EXTÉRIEURE

PARIS

E. DENTU, LIBRAIRE-ÉDITEUR

PALAIS-ROYAL, 15, 17, 19, GALERIE D'ORLÉANS

1877

AVANT-PROPOS

Les lettres qui suivent ont été écrites hors de France pendant la durée de nos dernières luttes électorales. Adressées au journal *le Monde*(1) par son correspondant d'Allemagne, elles n'ont pas pour objet une étude de nos querelles intérieures, mais l'étranger a pris une part si active à nos élections qu'il était impossible de parler de la Prusse sans s'occuper en même temps de nos radicaux.

Les appréciations du correspondant ont été justifiées depuis d'une manière si éclatante par les discussions de la Chambre des députés, que leur reproduction nous a paru offrir un certain intérêt. Nous les avons fait suivre par quelques extraits des articles de la *Gazette de l'Allemagne du Nord,* tels qu'ils ont été traduits et publiés par *la République Française,* et nous avons complété le tout par les passages des discours de MM. Ferry, de Fourtou et de Broglie, qui ont trait à la matière.

La démonstration qui ressort de cet ensemble n'est malheureusement que trop claire : le parti qui s'intitule républicain est en relations d'idées avec les pires ennemis de la France. Il y a dans ce fait une honte nouvelle que ne nous avaient fait connaître ni nos défaites ni nos plus douloureux désastres.

Une nation vaincue peut succomber avec quelque gloire, mais quand cette même nation est représentée, en partie, par deshommes qui ne craignent pas de faire appel à des menaces du dehors pour assurer leur pro-

---

(1) Voir *le Monde* des 17, 18, 19, 24, 31 octobre, 2-3, 5, 6 novembre.

pre domination on est en droit de se demander si elle n'est pas arrivée au dernier terme de la dégradation.

Ces hommes, ou du moins beaucoup d'entre eux, affectent parfois de se donner pour les héritiers des hommes de 1792 et de 1793. Il est certain qu'ils ont adopté presque toutes les erreurs de ces tristes devanciers; il se peut aussi qu'ils soient capables de reproduire leurs crimes ou leurs vices, car, en dépit de tous les paradoxes, ni les crimes ni les vices ne sont des témoignages de force.

Mais ici s'arrêtent les ressemblances.

Lorsque la Convention commença la trop longue série de ses iniquités, l'Europe, qui avait quelque droit de s'en effrayer et de se mettre en garde contre elle, se présenta en armes à nos frontières. Or, sans vouloir discuter ici ce que le patriotisme des conventionnels pouvait avoir de faux, de vantard ou même de complétement égaré, toujours est-il qu'il leur inspira quelques mouvements généreux.

Les républicains de l'heure présente n'en sont plus là. Ils ont bien encore l'audace de déclarer que la monarchie « est rentrée en France dans les fourgons de l'étranger, » mais ils passent brusquement et sans pudeur de cette calomnie à la réalisation du crime qu'ils imputent aux autres. Ils appellent à leur aide le spectre des « fourgons » prussiens, dans l'unique espoir d'y trouver des bulletins de vote en leur faveur.

Non, ces hommes n'ont pas même le lamentable honneur de ressembler aux conventionnels. Ils forment une espèce nouvelle que le sol français n'avait pas encore produite, et nous ne pouvons nous habituer à croire que la vue de ce qu'ils sont ne suffira pas pour les stygmatiser à jamais.

Paris, le 26 novembre 1877.

LES
ÉLECTIONS FRANÇAISES

DANS LEUR RAPPORT AVEC

LA POLITIQUE EXTÉRIEURE

I

Le Parti Radical et M. de Bismarck.

14 octobre 1877.

La distance où je suis de vous et l'encombrement causé par les questions de politique intérieure ont tellement retardé la publication de mes deux dernières lettres, que celle que je destinais à leur faire suite ne se trouverait déjà plus en situation.

Les événements vont leur train ; M. de Bismarck a corrigé ses plans en raison des déceptions que la bravoure turque lui a causées sur le Danube ; l'Europe, en un mot, continue à vivre pendant que les agitations causées par des luttes intestines empêchent la France, je ne dis pas seulement d'agir, mais même de regarder ce qui se passe au-delà de ses frontières.

Le parlementarisme n'eût-il que ce vice, il serait déjà, par cela seul, un élément de ruine et de décadence. On en a pu recueillir de nombreuses preuves ailleurs encore que chez nous, et, malgré l'aspect plus ordonné de ses affaires, l'Angleterre a vu ses ministres sacrifier peu à peu sa dignité, son honneur et son intelligence politique à de pures questions de

Cabinet. Comment peut-on espérer qu'un ministre des affaires etrangères accordera la réflexion nécessaire à l'accomplissement de sa tâche, quand tout son temps est consacré à des luttes locales en vue d'une réélection à son siége de député?

Il en est ainsi du haut en bas de la hiérarchie gouvernementale, ou, ce qui est plus grave encore, de la hiérarchie sociale. La fièvre s'empare d'un pays ; il tremble, s'agite, ne songe plus qu'à lui-même et aux maux qui le dévorent. Aussi longtemps que l'accès dure, ce pays est dans la situation d'un soldat malade ou blessé que ses infirmités retiennent à l'hôpital pendant que des combats se livrent, dont son sort et son existence peuvent dépendre.

Byzance et les luttes intestines dans lesquelles elle s'épuisait pendant que les invasions barbares se pressaient à ses portes, Byzance est un thème de réthorique moins éloquent, moins vivant surtout, que le spectacle donné au monde en ce siècle de progrès par les peuples parlementaires.

Il ne faut pas croire, cependant, que le résultat de luttes incommodes et intempestives soit indifférent pour le sort de la nation qu'elles déchirent : les combats de l'intérieur s'étendent peu à peu au dehors, et l'on voit l'esprit de parti amener des alliances monstrueuses entre ceux qui poursuivent au dedans des buts d'ambition personnelle, et ceux qui conspirent au dehors contre la nation elle-même.

Ce douloureux phénomène est plus fréquent en France qu'ailleurs, car le rôle joué par elle en Europe est encore si grand, malgré ses défaites, et surtout ses ennemis sont d'une activité si infatigable, que des traités formels ne sont pas nécessaires pour unir ses ennemis intérieurs et ceux de l'extérieur ; M. de Bismarck n'a pas besoin d'envoyer des députés à M. Gambetta pour le prier de lui venir en aide. L'existence même d'un parti radical en France est, de tous les éléments de la force prussienne, le plus précieux, le plus estimé ; mais à quoi bon s'entendre avec des gens qui servent spontanément?

Ces réflexions s'imposent à l'esprit en voyant l'effet produit en Europe par ce qui se passe aujourd'hui en France. Dès le premier jour, tous ceux des journaux qui reçoivent directement ou indirectement des ordres de Berlin ont pris une attitude franchement hostile au maréchal de Mac-Mahon ; mais à mesure que les chances d'une victoire de l'*ordre* contre le *désordre* ont paru l'emporter, cette hostilité de presse est devenue une fureur ; les Cabinets ne se sont plus contentés de payer et d'exciter leurs bureaux de publicité, ils sont eux-mêmes entrés en lice. Enfin, les choses en sont venues à ce point, que la victoire de M. Gambetta et de ses pareils est souhaitée à Berlin avec une passion égale à celle avec laquelle on y a souhaité jadis un désastre tel que Sedan ou une capitulation comme celle de Metz.

L'homme de Varzin s'est mis en mouvement de sa propre personne ; il a fait voyager Andrassy, convoqué Crispi, négocié des alliances, préparé (sinon signé) des traités *pour le cas où, le maréchal de Mac-Mahon l'emportant aux élections prochaines, la France reprendrait rang parmi les nations européennes.*

Je n'exagère pas ; cela se dit tout haut ; cela s'imprime partout : *Si la France a un gouvernement radical, la Prusse pourra respirer, car la France se déchirera de ses propres mains ; si nos radicaux sont au contraire vaincus, c'est la Prusse, c'est M. de Bismarck, ce sont tous les ennemis acharnés de notre pauvre pays qui auront subi une défaite.*

Il est à remarquer que ces déclarations, si humiliantes pour l'ex-dictateur et sa clique, sont assez habilement présentées pour pouvoir devenir, au besoin, l'équivalent d'une *manœuvre électorale* en sa faveur. Oui, à la lettre, il n'y a pas une feuille soldée par Berlin (ou, en Autriche, par le comte Andrassy, ce qui revient absolument au même), pas une, dis-je, qui ne soit consacrée, en ce moment, à servir les candidats de l'opposition en France. Jamais ce scandale n'a pris de pareilles proportions, et c'est un fait si curieux, si instructif, qu'il vaut la peine d'être examiné de près, aussi bien dans ses causes que dans ses effets probables.

II

Acheronta movebo.

15 octobre 1877.

Ici, en Allemagne, en Autriche, en Italie, partout où j'ai pu avoir occasion de passer pendant le cours de cet été, on m'a demandé, non pas une fois, mais certainement plus de vingt, si je croyais que M. Gambetta était à la solde de M. de Bismarck et combien il recevait. — J'ai toujours répondu que, sans avoir de renseignements précis sur ce genre d'affaires, j'avais la conviction la plus entière que M. Gambetta, ni ses pareils, ne recevaient rien.

« Ils suivent leur instinct, disais-je, et cela suffit ; ils peu-
» vent même être de bonne foi, sans que cela les rende moins
» utiles à nos ennemis. M. de Bismarck a dit un jour en parlant
» de la révolution allemande : *Acheronta movebo.* Il s'est allié
» avec elle, en effet, pour détruire tout ce qui l'empêchait d'é-
» craser sous sa botte prussienne les anciennes autonomies
» germaines. Une fois l'œuvre accomplie, il a pris à son ser-
» vice ceux qui ont voulu le suivre, et c'est le grand nombre,
» puis il s'est débarrassé des autres ; mais, à l'exception de
» quelques journalistes, il n'a pas eu besoin d'acheter ces
» alliés *infernaux* tant que la lutte durait. On est économe en
» Prusse, et l'on n'y prodigue pas des gages inutiles à ceux
» qui *d'eux-mêmes* font la besogne voulue. »
» Acheter les *acheronta,* en France, serait dangereux à plus
» d'un point de vue. Beaucoup refuseraient (hors de France,
» un sentiment que vous comprendrez me fait affirmer hau-
» tement que *tous* refuseraient) ; M. Gambetta, en particulier,
» enverrait promener les négociateurs et ferait un grand éclat
» de son incorruptibilité ; l'agitateur des *esprits inférieurs* en
» serait donc pour ses peines et nuirait à sa propre cause.
» Mais, il n'a qu'à laisser faire : toute entreprise révolution-
» naire ayant pour effet inévitable d'affaiblir et de tuer la
» France, chacun de nos radicaux est, pour M. de Bismarck,

» un allié « donné par la nature » (ou par les immortels prin-
» cipes). Il garde ses fonds pour profiter de leurs œuvres
» actuelles, qui sont absolument gratuites. »

Il n'y a rien de nouveau dans cette situation, et, sans
chercher bien loin dans l'histoire, la politique italienne de
Napoléon III, exorde et préparation indispensable de l'unité
allemande, a trouvé son appui principal chez nos députés de
la Gauche, au *Journal des Débats*, au *Siècle*, au *Temps*, partout où l'on combat aujourd'hui le Maréchal. Il en a été de
même pour les questions allemandes, et l'on chercherait en
vain une feuille berlinoise qui ait plus aidé le grand Prussien
que le *Temps* déjà nommé.

On pourrait étendre indéfiniment cette preuve en la corro-
borant par l'étude de la presse étrangère. La *Nouvelle Presse
libre* de Vienne est à la fois ce qu'il y a en Autriche, et presque
en Europe, de plus prussien et de plus gambettiste. Pendant
la guerre de 1870, cette feuille était plus acharnée contre
nous que le plus féroce de nos envahisseurs : d'où vient sa
passion subite pour l'ancien *fou furieux* de la défense nationale? Est-ce le journal viennois qui a changé ses affections?
Nullement ; mais le dictateur de 1870 a mis son énergie au
service de la Prusse, et la *Nouvelle Presse libre* salue en lui un
allié, exactement comme la *Gazette de l'Allemagne du Nord* ou
tout autre *officieux* prussien.

M. Gambetta a-t-il plus changé que les feuilles que je viens
de nommer? — En aucune façon. — Il croit probablement aimer
la France, et, quant à moi, j'ai toujours cru qu'il obéissait à
un sentiment sincèrement patriotique en s'efforçant d'orga-
niser la *défense nationale*.

Mais les sentiments ne sont pas ici en question, et, de
même qu'alors, M. Gambetta a fait plus de mal que de bien,
parce que son radicalisme paralysait ce que ses intentions
pouvaient avoir de bon ; de même aujourd'hui, de quelque
côté que soit son cœur, il est voué par ses opinions politiques
à ne servir que nos ennemis.

Je le nomme, parce qu'il est plus en vue que d'autres, mais
cette fatalité ne lui est pas spéciale. Ce qui la rend plus sen-
sible, plus évidente que jamais, c'est la faiblesse actuelle de

la France ; c'est surtout l'activité à la fois infatigable et puissante de nos ennemis.

Il y a toujours eu des organes *officieux* des divers gouvernements ; mais je ne sais pas si l'on a jamais vu ces organes prendre aussi ouvertement parti, pendant une lutte électorale, pour les ennemis d'un gouvernement établi et que l'on traite *officiellement* d'allié. — A quoi tient ce phénomène, sinon à ce que désormais on se croit *tout* permis contre les vaincus de 1870 ? A quoi tient-il encore que cette conduite inqualifiable soit adoptée aussi bien à Vienne qu'à Berlin, sinon au fait trop réel de l'omnipotence de notre ennemi principal et de la crainte qu'il inspire ?

La terreur règne en Europe, et les terroristes héritiers de 93 sont, aussi bien que les fusils à aiguille ou les canons Krupp, des instruments destinés à l'entretenir.

Mais où est donc l'*ennemi,* si les Cabinets sont d'accord, si la presse qui se dit l'organe de l'*opinion publique* leur est soumise, et si, d'autre part, les armées du potentat universel sont dans un parfait état de préparation ?

Le nom de l'*ennemi* est vite connu quand on sait comment la lutte engagée a été qualifiée d'un commun accord : cette lutte, c'est le *Kulturkampf.* M. de Bismarck n'en poursuit plus d'autre ; jusque sur les plages éloignées de l'Orient, « c'est encore le *Kulturkampf* qu'il poursuit » ; lui-même l'a déclaré. C'est pour les nécessités du *Kulturkampf* qu'il ne rougit pas de s'allier à un Grévy, d'embrasser un Crispi ou de flatter un Andrassy.

Il n'y aura bientôt plus d'évêques, en Allemagne, ailleurs que dans les cachots ; mais le *Kulturkampf* ne peut pas souffrir que les évêques français se promènent encore librement, et surtout qu'ils écrivent et parlent sans entraves. Le maréchal de Mac-Mahon est traité de *clérical,* et il s'en défend ; mais il a tort au point de vue du *Kulturkampf,* car on est *clérical* par cela seul que l'on n'est pas persécuteur : telle est la loi du vocabulaire le plus moderne. Quant à nos radicaux, ils ont des affinités avec les fusilleurs d'otages qui les font apparaître comme des gens pleins d'avenir : *acheronta,* communards, terroristes, tout cela peut servir.

C'est aussi le *Kulturkampf* qui a conduit le grand lutteur à Salzbourg ; c'est du *Kulturkampf* qu'on y a surtout causé ; c'est en vue du *Kulturkampf* qu'on y a pris des mesures ; et tout cela se rapporte indirectement à nos dissensions intérieures ; mais cette partie du sujet veut être traitée à part.

III

L'Entrevue de Salzbourg (1).

16 octobre 1877.

L'entrevue de Salzbourg a eu lieu entre M. de Bismarck et le comte Andrassy, sans témoins ; ni l'un ni l'autre des deux ministres n'avait à sa suite ce qu'il aurait fallu d'employés, de secrétaires, pour la rédaction et la signature d'un traité. Ces circonstances, tout extérieures et visibles pour tous, ont très-vite donné la conviction que rien ne s'était fait de définitif entre le chancelier de Berlin et son très-humble serviteur hongrois.

Je crois cette conviction fondée, mais cela ne veut pas dire que les deux interlocuteurs ne se soient pas mis d'accord sur tous les points. Ils étaient trop inégaux, d'ailleurs, pour qu'il y eût la moindre discussion entre eux : inégaux en puissance, inégaux en génie, inégaux en volonté. Le comte Andrassy venait là pour prendre des ordres ; il y est allé plein de soumission, et il en est revenu rempli de bonne volonté ; pourtant il n'a pas pu promettre absolument de faire *tout* ce que voulait son maître, car il n'est pas, lui, aussi souverain dans les États de François-Joseph, que M. de Bismarck dans les États de Guillaume. Il fera de son mieux ; il faudrait être exigeant pour demander plus.

Il va sans dire que la *question d'Orient* a beaucoup occupé Leurs Excellences ; mais elle ne regarde que trop indirectement le sujet de cette lettre pour que ce soit le moment d'en

______
(1) Cette entrevue eut lieu le 18 septembre 1877.

parler. Aussi bien, on a causé de beaucoup d'autres choses, et les occasions ne nous manqueront pas pour revenir sur le côté oriental de la conversation.

M. de Bismarck a jugé qu'il était bon de s'entendre sur l'ensemble de la situation européenne; il était bien aise « de s'éclairer des lumières » de l'habile Magyar, et c'est ainsi que, sous prétexte de demander son opinion, et en lui prodiguant les flatteries dont sa vanité est si avide, il lui a tracé sa ligne de conduite sur tous les points.

C'est pour cela, disons-le en passant, que le ministre autrichien est revenu si « rayonnant » de son entretien avec le plus grand des Prussiens. Celui-ci lui avait persuadé qu'il le prenait pour un homme d'État de premier ordre, qu'il écoutait volontiers son avis ou ses conseils. Il avait fait mieux encore : il lui avait affirmé que si la tâche qu'il lui *impose* est parfois si ardue, c'est parce qu'il a une confiance illimitée dans ses talents : « Un autre échouerait, mais il n'y a rien que *vous* ne sachiez faire ! » — Sur ce, l'autre se rengorge, et en sortant de là : « il rayonnait. » — C'est *officieux*.

Pourtant M. de Bismarck « rayonnait » moins; quelques initiés ont même prétendu qu'il était reparti soucieux. Il n'avait rien appris de nouveau en trouvant le comte Andrassy toujours prêt à lui obéir, et croyant toujours qu'il a tout trouvé tout seul; mais il avait pu se convaincre que le complaisant Magyar ne serait probablement pas de force à exécuter tout ce qu'on lui demandait. Or, M. de Bismarck est un homme pratique : les courbettes de ceux qui le servent valent moins à ses yeux que les effets réels de leur soumission. Que lui importe, après tout, le zèle d'un Andrassy, si ce zèle est insuffisant pour amener les résultats voulus?

Les hommes du métier qui avaient vu le front du grand homme s'assombrir, après son entrevue avec le ministre de François-Joseph, ont raconté depuis que cet illustre front avait repris un peu de sa sérénité à la suite de ses conférences avec Crispi. Ce rapprochement était fait pour donner à penser; d'autres habiles ont réfléchi en effet; peut-être ont-ils un peu écouté aux portes, un peu lu entre les lignes; bref, ils ont extrait de là une histoire que je vous livre telle qu'on me l'a racontée, et sans vouloir en garantir la complète exactitude :

On prétend donc que M. de Bismarck aurait, entre autres choses, beaucoup parlé du Conclave, car le grand intérêt qu'il prend à la santé du Pape est un fait notoire. Parfois, elle l'inquiète outre mesure, et, pour le bien de l'Église, par amour de la paix, qui est son plus cher souci, il se demande alors comment il faudrait s'y prendre pour réconcilier la Papauté avec le progrès moderne. »

Il a bien trouvé un moyen, car, pourquoi n'en trouve-t-il pas ? Mais ce moyen demande le concours des *puissances catholiques*. — M. de Bismarck sait aussi bien que vous ou moi qu'il n'y a plus de *puissances catholiques*, mais, à cette occasion, il affectionne ce terme vieilli, et, comme il a sans doute ses raisons pour cela, je ne veux rien changer à son langage. — Le moyen, assez simple en apparence du reste, consisterait à ne reconnaître pour Pape que celui qui promettrait de se réconcilier avec l'Italie et avec les lois allemandes.

Nous savons, nous autres, que la reconnaissance par tel ou tel État n'est, en aucune façon, nécessaire à la validité d'une élection papale ; mais M. de Bismarck étant protestant, il est excusable d'être imparfaitement au courant de ces questions. Notez que le chancelier du grand empereur Guillaume fait même une notable concession aux préjugés catholiques en ne croyant pas qu'un *veto* de son souverain, successeur de Charlemagne, puisse absolument suffire. Mais il fait cette concession et voudrait être aidé par *les puissances catholiques*.

Le comte Andrassy n'est pas protestant, mais il a étudié son catéchisme comme le reste, c'est-à-dire fort légèrement, et il a trouvé le plan de M. de Bismarck admirable. Il a promis de ne rien négliger pour le faire réussir, mais... il y a un mais... « mais, dans ces questions de religion, il faut prendre
» certaines précautions avec François-Joseph. On obtient
» beaucoup de lui, les lois dites *confessionnelles* en sont la
» preuve, mais parfois on se heurte tout d'un coup à des ca-
» prices que rien ne peut vaincre. C'est comme cela que l'Au-
» triche est encore pleine de Jésuites, et, tout récemment,
» c'est à cause de lui que la loi sur les ordres religieux a été

» repoussée par la Chambre des Seigneurs. Il faut donc bien
» prendre garde et soigneusement éviter tout ce qui pourrait
» l'effaroucher. Par exemple, si *toutes* les autres *puissances* .
» *catholiques* tombaient d'accord pour imposer une profession
» de foi au nouveau Pape, cela pourrait peut-être aller; mais
» s'il y a une seule voix discordante, l'attention de l'Empereur
» sera éveillée, et il deviendra bien difficile de le faire tra-
» vailler à un schisme. »

C'est en réponse à ce discours sensé que M. de Bismarck
aurait fait sentir au comte Andrassy la nécessité qu'il y avait
à ce que les élections françaises tournassent au profit des radicaux. Ceux-là feront tout ce qu'on voudra, tandis que les
ultramontains (le Maréchal, M. de Broglie, M. de Fourtou et
jusqu'à M. Decazes le sont pour la circonstance), les *ultramon-*
tains se borneraient à s'incliner devant une élection régu-
lière ; ce fâcheux exemple pourrait gagner, et le *Kulturkampf*
en souffrirait.

Le comte Andrassy a si bien été convaincu de l'importance
de cette combinaison, que, depuis lors, les feuilles qui reçoivent ses instructions ont été jusqu'à la *menace* en parlant des
suites qu'aurait pour l'Europe une défaite du parti radical en
France. Mais cette menace n'a rien de direct ; rassurez-vous ;
non pas que la bonne volonté du noble Magyar ait des limites,
mais parce que, et c'est ainsi que l'on complète l'intéressante
histoire, François-Joseph, interrogé, aurait refusé d'entrer
dans aucune combinaison dirigée directement contre la
France.

C'est même en conséquence de ce refus que le chancelier
prussien aurait *négocié* avec Crispi. — *Négocié*, mais sans
conclure, car Crispi n'est pas encore ministre et n'avait pas
encore les pouvoirs nécessaires pour rien signer. — Néanmoins, ces *négociations* ont suffi pour servir à une *manœuvre*
électorale ; au lieu de les cacher (ce qui serait le cas si elles
avaient abouti), on les a fait sonner bien haut dans un but
d'intimidation et pour permettre à nos radicaux de dire que :
« S'ils l'emportaient aux élections prochaines, ils auraient
» pour alliées l'Allemagne et l'Italie. »

A quel prix, vous le savez désormais : ce serait en adoptant le *Kulturkampf* jusqu'au schisme et à la persécution *inclusivement*. Il ne faudrait pourtant pas croire que si ces messieurs échouent, nous serions par là même menacés de la guerre. Beaucoup de bonnes raisons s'y opposeraient ; mais cette lettre est déjà longue, et il faut d'autant plus remettre la suite à une autre fois, que les raisons qui empêchent nos ennemis de nous attaquer à leur gré ne tiennent pas principalement à ce qui se passe chez nous, mais bien à l'ensemble de la politique européenne.

IV

La France isolée.

21 octobre 1877.

Je terminais ma dernière lettre en disant que, malgré le grand désir qu'on aurait à Berlin de voir la France aux mains des radicaux, amis de M. de Bismarck, il ne fallait pas conclure de là que si les conservateurs l'emportaient aux élections, leur succès nous jetterait immédiatement dans la guerre. Il est à remarquer que la *Gazette de l'Allemagne du Nord* elle-même annonce les négociations Crispi comme ayant un but « pacifique ; » elle ajoute que c'est uniquement contre une France « ultramontaine et *agressive* » qu'une alliance italo-prussienne serait dirigée.

Le ton de cette déclaration est si bizarre, si peu diplomatique et, disons-le, si ridicule, que le correspondant de Bérlin du *Pester-Lloyd,* Prussien, très Prussien, avoue tout franchement y avoir vu : « *Un* coup d'épaule *amical donné par M. de » Bismarck aux républicains français à l'heure des élections. »* Les mots : *Coup d'épaule* sont en français dans l'article du journal hongrois, qui nomme plus loin « la mission Crispi » : *Un service d'ami* rendu par le grand-chancelier à nos radicaux ses protégés. — On ne saurait mieux dire, et il faut être reconnaissant à ce Prussien indiscret de la franchise de ses aveux.

Néanmoins, il y aurait de la naïveté à se fier aux dires des journalistes prussiens pour une question semblable, et le grand amour de la paix de M. de Bismarck m'inspire aussi peu de confiance que les menaces *électorales* de ses organes me causent peu de terreur. Je ne doute pas que « le mauvais » génie qui sème le mal en Europe » (l'expression est de la *Pall-Mall Gazette*) n'ait envie de trouver une occasion pour écraser la France une seconde fois s'il le pouvait ; mais je crois cette occasion moins proche aujourd'hui qu'elle ne l'était il y a quelques mois.

Les victoires turques ont gravement dérangé ses plans. Il n'y a plus un politique tant soit peu sérieux qui ne sache aujourd'hui pourquoi la Russie est en guerre contre l'empire ottoman. Ni la question d'Orient, ni l'ambition russe ne sont des nouveautés ; mais l'une aurait pu traîner en longueur et l'autre aurait pu attendre. C'est le cabinet de Berlin qui a rendu la crise aiguë : c'est l'habileté de la diplomatie prussienne, aidée par l'ineptie de toutes les autres, qui a mené les choses à une rupture. La fameuse alliance des trois empereurs, création toute bismarckienne, avait pour but de paralyser l'Autriche pendant que la Russie ferait son coup. Elle a obtenu ce résultat ; mais le coup a manqué, et l'échec militaire des Russes est devenu, en fait, un échec politique pour l'organisateur de la guerre « *isolée* » qui ensanglante la presqu'île des Balkans.

On a parfois prêté à M. Bismarck l'idée machiavélique de pousser la Russie à cette malheureuse campagne pour la mener à sa ruine. C'est une appréciation fausse : *L'anéantissement de la Russie, même pour quelques années seulement, équivaut à un affaiblissement de la Prusse pour un temps égal.* L'alliance russe est plus qu'une tradition pour Berlin ; elle est plus, surtout, que l'effet accidentel d'un grand amour entre un oncle et son neveu, elle est une *nécessité permanente.*

Je n'ai pas à revenir sur ce sujet, que j'ai tant de fois traité ici : cette alliance est comme une base sur laquelle reposent les combinaisons allemandes. Une Russie amie de la Prusse rend l'Autriche inoffensive, et permet aux deux alliés toutes les entreprises, tant à l'orient qu'à l'occident de l'Europe. Il n'y a rien qui puisse lutter contre un intérêt réciproque de cette valeur ; mais cet intérêt n'est cependant pas le seul : la Pologne en forme un autre plus intime, et qui s'impose encore plus que le premier. Ce qui se passe en ce moment même en est une nouvelle preuve, car sans la Prusse, la Pologne serait aujourd'hui soulevée.

Un diplomate français a fort bien caractérisé les vœux de M. de Bismarck relativement à la campagne actuelle : « Il » aurait voulu, disait-il, voir la Russie *affaiblie, mais victo-* » *rieuse.* » C'est parfaitement juste : *affaiblie,* parce que, tout en restant l'alliée de l'Allemagne, la Russie doit être un peu dans sa dépendance ; *victorieuse,* parce que c'est une alliée ; victorieuse aussi, parce que cette victoire frappait l'Autriche à mort et la rendait la proie de ses deux voisins ; victorieuse enfin, et c'était là l'intérêt le plus immédiat, parce que, le jour où les Russes arrivaient à menacer Constantinople, les Anglais étaient entraînés à prendre part à la guerre, l'Autriche, dirigée par un ministre qui prend ses ordres à Berlin, commettait la faute impardonnable de se jeter sur les dépouilles du vaincu pour en prendre sa part, et M. de Bismarck, uni à l'Italie, profitait de l'isolement de la France pour l'attaquer de deux côtés à la fois.

Si les Turcs n'avaient pas montré une vigueur inattendue, c'est vers le mois de septembre dernier que ce beau plan serait parvenu à maturité.

La vaillance des Ottomans a jeté un grand trouble dans ces combinaisons, aidée, il est permis de le croire, par le « poids terrible de la justice de Dieu, qui s'appesantissait » sur la persécutrice de la Pologne. » L'automne s'est passé sans que la guerre générale éclatât; l'hiver amène une trève forcée qu'une habile diplomatie emploierait à préparer un printemps moins favorable aux projets prussiens. Malheureusement la diplomatie européenne nous a trop habitués à des résultats fort différents ; il est à craindre qu'elle ne consacre son hiver à aider M. de Bismarck dans la formation et l'accomplissement d'un plan nouveau. Qui sait? Sa maladresse et son ignorance seront peut-être suffisantes pour permettre au grand Prussien de ne rien changer à des combinaisons dont l'éclosion serait seulement retardée!

Il n'en est pas moins vrai cependant que, grâce aux Turcs, la situation est devenue moins favorable pour les entreprises si savamment préparées. Faire durer la guerre pour recommencer au printemps, tel est manifestement le but poursuivi par le Cabinet de Berlin. C'est pour cela que M. de Bismarck a enjoint au comte Andrassy de laisser la Serbie s'unir aux Russes ; c'est pour cela qu'il excite visiblement la Grèce à prendre part à la guerre ; c'est pour cela enfin que son ambassadeur à Constantinople se conduit comme un digne successeur d'Ignatieff, fatigue la Porte de mauvaises querelles, et s'est fait tout d'un coup l'organe de « l'humanité outragée » par les prétendues atrocités turques.

On aurait bien voulu que l'Autriche aidât les Russes plus directement ; mais c'est là un des points sur lesquels il n'est pas possible à M. Andrassy de *tout* accorder. Il a déjà singulièrement irrité la Hongrie ; un pas de plus, et il la trouverait en armes sur son chemin. Il en est réduit à ne faire pour le troisième empereur que ce qui peut se faire secrètement ou ce qui peut, à la rigueur, être représenté comme impartial.

D'un autre côté, les Serbes ont médiocrement envie de retourner au feu ; les Grecs eux-mêmes sont lents à se mettre en marche et peu rassurés par l'attitude de l'Angleterre ; enfin l'hiver, ce redoutable allié de la Turquie, semble vouloir rendre la prolongation de la lutte impossible. Dans cette prévision, les organes berlinois et les *officieux* de Vienne ont déjà commencé à dire qu'après la querelle russe, la question ne sera pas encore réglée *entre l'Europe et la Porte.* On reparle de *garanties,* etc. On ne désespère pas d'entraîner la diplomatie européenne, pour la seconde fois, dans cette voie déplorable qui rendrait impossible aux Turcs d'accepter la paix.

On dit que l'Angleterre, pour contrecarrer ces perfides tentatives, s'efforce d'arriver à une *paix directe* entre la Russie et la Porte. L'idée serait bonne. Elle le serait surtout si le gouvernement ottoman, bien conseillé, offrait des conditions telles qu'il devînt impossible au comte Andrassy de s'y montrer adverse sans soulever plus que jamais l'opinion publique, tant en Hongrie que dans le reste de l'empire autrichien. On a parlé d'une combinaison d'après laquelle la Porte offrirait de céder à l'Autriche ses droits de suzeraineté sur la Roumanie et de consentir à la neutralisation du Danube, tandis que l'Angleterre se ferait garante de certaines réformes à opérer dans l'empire ottoman : on pourrait mettre le cabinet de Vienne au défi de repousser des propositions semblables, et ce serait un second coup plus fatal porté aux projets berlinois.

C'est pour tous ces motifs que M. de Bismarck a parlé d'autre chose, à Salzbourg, que de la question d'Orient. C'est pour cela surtout qu'il aurait tant aimé voir arriver au pouvoir en France, de *vrais amis*, des radicaux, *alliés de l'Allemagne et de l'Italie*, qui détruiraient la France sans lui, *et qui rendraient la prolongation de notre isolement certaine.* A tous ces points de vue, il ne pourrait que gagner, et il s'est jeté dans notre lutte électorale avec une ardeur qui le dispute à celle de M. Gambetta.

V

Crispi et ses voyages.

28 octobre 1877.

Quoiqu'on ait déjà beaucoup parlé du citoyen Crispi, le *Pester-Lloyd* du 17 a trouvé moyen d'intéresser encore à son sujet, dans deux correspondances dont l'analyse me paraît fort utile à méditer. Elles commencent par une biographie rapide de ce personnage ; les traits principaux en sont connus, mais on ne saurait trop étudier les grands hommes, et cet ami intime de M. de Bismarck et de M. Gambetta a des droits tout particuliers à notre attention.

Crispi, nous dit le journal hongrois, est, il est vrai, un ancien compagnon de Garibaldi, mais il est faux qu'il ait jamais combattu sous ses ordres. Lors de l'expédition des « mille » à Marsala, le héros des deux mondes avait nommé

Crispi « secrétaire d'État », ce qui veut dire qu'il remplissait les fonctions de « chef de Cabinet ». Après la conquête de Naples, Crispi ne changea pas de titre, mais il fut considéré comme représentant, *au civil,* le gouvernement des Deux-Siciles.

Au Parlement de Turin, Crispi s'est prononcé énergiquement, avec Garibaldi, Ratazzi, etc., *contre la cession de Nice à la France.* Il fut ensuite chef de l'Extrême-Gauche quand la Chambre piémontaise devint italienne. Toujours d'accord avec Garibaldi, il demandait, en 1861, la guerre immédiate contre l'Autriche. Après la mort de Ratazzi, il se rapprocha peu à peu des monarchistes ; pourtant le ministère de Gauche actuel l'a encore trouvé *trop avancé* pour lui donner un portefeuille. En revanche, il en a fait, comme on sait, le président de la Chambre des Députés, et, pour achever de le rendre un peu plus présentable aux cours étrangères, on lui a donné un grand cordon aux dernières étrennes.

Ce citoyen, ami du sieur Gambetta, est un partisan décidé de l'alliance allemande et ennemi déclaré de la France. En Orient, il est hostile aux Turcs par sympathies pour la Russie. Il n'a pas oublié que la *conservatrice* Russie s'était faite depuis longtemps le soutien secret des tendances unitaires de l'Italie, afin de faire pièce à sa chère alliée l'Autriche. C'est pour cela que Cavour fonda une espèce d'entente cordiale italo-russe en 1856 ; qu'il céda Villefranche à ses nouveaux amis ; que les grands-ducs Nicolas et Michel visitèrent Turin en 1858 ; enfin, que, dans les négociations qui précédèrent la guerre de 1859, le prince Gortschakoff proposa un congrès européen « *auquel le Piémont prendrait part* », ce qui tranchait les questions *contre* l'Autriche.

Il est vrai qu'à l'époque de la guerre de Crimée, M. de Cavour s'était rapproché des puissances occidentales et que, lorsque la question d'Orient éclata, il entra franchement dans l'alliance anglo-française : on sait dans quel but et avec quel succès. Mais, alors même, plus le cabinet s'éloignait de la Russie et plus les hommes de gauche s'en rapprochaient.

Cavour a un discours resté célèbre sur les dangers auxquels s'exposerait l'Europe si la Russie possédait les deux rives

de la Mer-Noire ; mais aujourd'hui l'opinion italienne est autre. D'après le *Pester-Lloyd*, l'achat des actions du Canal de
Suez par l'Angleterre, a fortement mécontenté les Italiens.
Depuis lors, ils font des efforts inouïs pour augmenter leur
flotte *et ils rêvent des conquêtes orientales. L'alliance allemande
et l'étroite union* (bien connue par eux) *entre la Prusse et la
Russie, les a encore jetés plus avant dans cette voie.*

Le correspondant de la feuille hongroise a donc raison de
trouver « digne d'attention » le voyage à Vienne de cet
ennemi acharné de l'Autriche. « Cela aurait déjà une
» certaine importance, ajoute-t-il, même si ce conspira-
» teur ne revenait pas de Berlin. Crispi n'est ni un diplomate
» ni un homme d'État dans le sens ordinaire du mot. Il n'a
» pas grandi dans les bureaux ou dans le voisinage des minis-
» tres ou des rois. *Il a fait son chemin par les sociétés secrètes
» et les révoltes, en passant par des champs de bataille et par
» l'exil.* » On voit que M. de Bismarck est peu scrupuleux sur
le choix de ses amis.

Crispi n'a pas changé, poursuit notre guide ; il est un des
plus fidèles représentants de la *Jeune-Italie* et de ses aspira-
tions. « Mais, ce qui a peut-être encore plus de signification,
» *il représente toute une classe d'hommes qui sont résolus à réa-
» liser le programme de l'agrandissement de l'Italie, et de sa do-
» mination sur l'Adriatique et la Méditerranée, et qui le poursui-
» vent avec un étonnant mépris de tous les obstacles et par tous
» les moyens.* »

Ces hommes ont, on le comprend par ce qui précède, subi
un échec indirect par les victoires turques, mais sans en être
le moins du monde découragés. « *Avec une grande souplesse,
» ils ont pris le prétexte d'une lutte contre l'ultramontanisme
» pour se rapprocher plus étroitement de l'État militaire prusso-
» allemand. La probabilité d'un Conclave fournit une précieuse
» occasion... Pour eux, le Vatican est devenu une pièce de
» l'échiquier politique.* »

« A Berlin, on ne pouvait pas souhaiter de plus agréables
» complices, et il ne faut pas s'étonner de l'intimité qui s'est
» établie entre le chancelier de l'empire allemand et le « répu-
» blicain » Crispi. CRISPI ET SES COMPAGNONS SONT DÉCIDÉS A

» occuper le Vatican militairement a l'occasion du Con-
» clave, et a ne souffrir aucune élection qui put déplaire
» a eux ou a l'Allemagne. »

Le *Pester-Lloyd* se demande, à ce propos, si les hommes du Quirinal et le grand parti conservateur italien laisseront les chemins libres au *parti Crispi*. Il constate que le conspirateur en voyage a déjà, jusqu'à un certain point, été désavoué à Rome. « Mais, ajoute-t-il, de pareilles assurances ont une va-
» leur bien éphémère. L'expérience des derniers temps nous a
» prouvé, à satiété, que le parti qui gouverne aujourd'hu
» n'est pas un parti *dirigeant* dans les cas importants. »

Crispi connaît le Quirinal mieux que personne. « Ses rela-
» tions avec le prince Humbert sont connues. *Il n'en est pas
» moins surprenant que l'on ose affirmer que le prince était
» averti de son voyage à Berlin.* » Le prince et le conspirateur sont, à ce qu'il paraît, pleinement d'accord dans leur haine pour l'Autriche-Hongrie. « Il ne faudrait pourtant pas pren-
» dre cette haine trop au sérieux, car elle est plutôt un voile
» derrière lequel se cachent, chez l'un des prédilections et des
» passions guerrières ; chez l'autre des tendances politiques
» agressives. »

Quelques Italiens « de bonne volonté, » dit le correspondant en finissant, affirment que Crispi est un homme « pro-
» fondément libéral et qui voit de loin. *Il veut,* ajoutent-ils,
» *unir les libres-penseurs italiens et français aux libéraux alle-
» mands, pour former avec ces éléments une forte et vaillante
» phalange contre le Vatican.* Mais c'est un appât auquel peu de gens mordront à Vienne. »

L'*appât* qui est trop grossier, même pour les libéraux et les juifs de Vienne ou de Pesth, paraît avoir eu plus de succès auprès de nos radicaux. L'invention crispino-bismarckienne d'une alliance entre les libres-penseurs de Paris, le cabinet de Berlin et l'Extrême-Gauche italienne a, en effet, des parti-sans en France. Il serait difficile de trouver des termes pour qualifier ce mélange de bassesse, de sottise et de lâcheté ; mais nous en verrons bien d'autres si le commun ami du voyageur italien et du chancelier prussien arrive un jour au terme de son ambition.

A Vienne, quelques députés de la Gauche avaient voulu offrir un banquet à Crispi, mais... on n'a pas pu réunir assez de souscripteurs. J'avoue que ce trait honorable m'a fort agréablement surpris de la part des membres actuels du *Reichsrath* cisleithan. Le ton du *Pester-Lloyd* prouve que l'ex-garibaldien ne rencontrera pas beaucoup plus de sympathie en Transleithanie. A Vienne, Crispi n'a vu personne d'important, car, en l'absence du comte Andrassy, personne ne l'est, ni à la chancellerie, ni parmi les membres du cabinet Auersperg.

Crispi n'a donc rien fait à Vienne; mais on se demande si c'est par hasard que le comte Andrassy viendra de la campagne à Pesth; le jour où cet homme de l'avenir y passera. Le ministre magyar n'a pas le droit d'être sévère pour les conspirateurs en général; il est plus au service de Berlin qu'à celui de François-Joseph; enfin, on le dit très-curieux de savoir *au juste* ce qui s'est dit entre Crispi et M. de Bismarck.

Pour mon compte, je parierais que l'Italien ne lui dira pas *tout*, et j'en conclus que le comte Andrassy se compromettra fort inutilement s'il entre en rapport avec ce passant. Mais, après tout, peut-être n'y a-t-il pas grand mal à ce que le comte Andrassy se compromette.

VI

« Bundnissfæhig. »

31 octobre 1877.

Le mot d'un aspect barbare que j'écris en tête de cette lettre veut dire : « apte à conclure des alliances »; « capable d'alliances ». Il joue un grand rôle dans les fragments de correspondance diplomatique publiés par le comte d'Arnim, et cela se conçoit, car il est au fond de toutes les préoccupations que la France cause à M. de Bismarck : la France ne doit pas être *Bundnissfœhig;* tel est l'axiôme.

L'ambassadeur si maltraité, et dont la personne est d'ailleurs si peu intéressante, le comte d'Arnim, écrit un jour à M. de Bismarck qu'il y a un point sur lequel tous deux, malgré leur haine mutuelle et leurs continuelles disputes, n'ont jamais cessé d'être d'accord : « Il ne faut pas laisser la » France plus *Bundnissfœhig* » qu'elle ne l'était au sortir de la guerre.

Sur les moyens à employer pour arriver à ce résultat, le chancelier et son ambassadeur diffèrent. Mais lorsque M. d'Arnim croyait mauvais de soutenir M. Thiers, c'est parce qu'il s'imaginait que ce Président allait rendre la France *Bundnissfœhig*. L'animosité plus clairvoyante de M. de Bismarck contre le maréchal de Mac-Mahon n'a pas d'autres motifs : sous ce successeur de Thiers, la France redeviendrait *Bundnissfœhig*.

Tout le reste n'est rien auprès de cela, et l'amour de M. de Bismarck pour nos *républicains* n'a pas d'autre explication. Il a toujours considéré, nous raconte M. d'Arnim, qui, lui, pensait autrement, que *république* et *anarchie* sont deux mots synonymes. Il n'a jamais pardonné à M. d'Arnim la part qu'il lui attribuait dans la chute de Thiers, « parce que celui-ci au » rait infailliblement jeté la France dans les bras de Gambetta » et dans l'anarchie. »

Cette même pensée, sous une forme un peu différente, revient encore dans la fameuse dépêche du 19 juin : « Le meil » leur gouvernement pour la France est celui qui devra dé » penser la plus grande portion de ses forces *pour lutter con » tre des ennemis intérieurs.* » — Thiers remplissait cette condition aux yeux de M. de Bismarck ; aussi trouva-t-il con renversement « défavorable pour *nous* (les Prussiens). » Il avait consacré « des efforts incessants » à le soutenir ; il avait pesé dans ce but « de tout le poids de l'influence allemande. » — Le jour de la chute de Thiers, il constate « la joie qui a » éclaté chez tous les ennemis » de la Prusse, et il en tire, avec raison, la conséquence qu'il ne s'était pas trompé. — Thiers et sa République rendaient la France : *Bundnissunfœhig, impropre aux alliances.*

» Dans les derniers temps de l'Empire romain, dit quelque

» part le comte d'Arnim, de braves soldats de la trempe de
» Mac-Mahon ont quelquefois retardé la décadence de quel-
» ques années. » Ce sont des hommes *de cette trempe* qui sont
Bundnissfæhig capables d'alliances.

Aussi M. d'Arnim fit-il en sorte que les cabinets de *Berlin,*
de *Saint-Pétersbourg,* de *Vienne* et de *Rome* ne reconnussent
pas *trop vite* le nouveau Président. L'association de ces qua-
tre noms est encore intéressante aujourd'hui ; elle montre,
non pas l'*Autriche,* mais *le comte Andrassy,* aussi disposé que
les trois autres à montrer que nous sommes et devons rester
Bundnissunfæhig, hors d'état d'avoir des alliés.

Ces quelques souvenirs, que ce qu'ils ont de rétrospectifs
n'empêche pas d'être remplis d'actualité, sont le meilleur de
tous les commentaires pour le récent article de la *Gazette de
l'Allemagne du Nord* (1). Je dis *l'article,* car il est évident que
cet article-là vous est arrivé par le télégraphe. Il est une de
ces machines de guerre dont le bureau de la presse berlinoise a toujours soin d'allonger le plus possible la portée.

L'article contient une foule de paroles aimables pour nos
républicains, et, chose étrange, il a soin de répondre aux dépêches déjà vieillies d'Arnim, comme si elles dataient d'hier.
Grâce à ces *républicains-là,* c'est-à-dire grâce à nos radicaux
de l'heure présente, « la République ne pourra plus être con-
» sidérée comme étant identique avec l'anarchie, comme un
» danger pour la paix du monde. » — On se rappelle que
M. d'Arnim avait la naïveté de croire à la *contagion* irrésisti-
ble de la république. Il épousait en cela l'opinion vaniteuse
et tant de fois trompée des quatre-vingt-neuvistes en général.
Il craignait qu'on ne pût un jour «tourner contre la Prusse les
» éléments révolutionnaires. »

M. de Bismarck se moquait avec raison de son ambassadeur, à ce point que celui-ci (qui n'avait pas toujours été si
scrupuleux) se scandalisait d'une politique « qui s'efforçait
» de révolutionner un pays où lui (Arnim) avait l'honneur de
» représenter le plus loyal des monarques.» Il veut parler de
Guillaume.

(1) Appendice I.

M. d'Arnim a disparu avec ses objections, ses airs prudes et son indiscîpline ; mais son chef se reste fidèle à lui-même, et il fait publier que « la république, *la vraie république libé-* » *rale* en France, est à peu près la meilleure garantie d'une » politique pacifique. « Cela prouve que la victoire de nos hommes de Gauche est, aux yeux du chancelier prussien, la meilleure garantie que la France ne deviendra pas *Bundniss-* *fœhig (capable d'alliances)*.

Mais cette déclaration ne suffit pas au « reptile » du Nord ; il y ajoute une espèce de menace : « Les facteurs qui, sur » les bords de la Seine, s'efforcent avec tant de zèle de faci- » liter les voies à un autre régime, feraient bien de se de- » mander si la réussite de leurs plans ne nuirait pas aux » relations amicales que *la France de* 1871 a nouées avec les » autres peuples, à l'avantage de tous, et dont le maintien et » l'affermissement progressif sont désirés par tous, et *surtout* » par l'Allemagne. »

Les relations *de* 1871 ; la date est là comme pour ne laisser aucun doute : c'est l'isolement, la *Bundnissunfæhigkeit*, l'in- capacité d'avoir des alliances, « l'emploi de la meilleure partie » de nos forces dans des luttes intérieures »; en un mot, la France allant de plus en plus « à Gambetta et à l'anarchie », on peut en croire l'*officieuse* de M. de Bismarck quand elle dit que le maintien de cet état de choses est *surtout souhaité par l'Allemagne*.

Le nerveux chancelier, si despote dans ses États, tient abso- lument à ce que, « même hors d'Allemagne, on gouverne se- » lon son goût. » Mais ses goûts varient selon les contrées ; ce qui lui déplaît chez lui, lui paraît excellent pour les autres. Ce qu'il lui faut, c'est que « la législation des autres pays ré- » ponde complétement *aux besoins de sa propre politique.* » L'isolement indéfini d'une France inapte à trouver des alliés, c'est là ce qui répond *à ses besoins,* et c'est là ce que personne ne lui procurerait plus sûrement que nos « vrais républi- » cains. »

M. de Bulow a exprimé un jour, en des termes d'une lour- deur toute germanique, mais d'une manière très complète néanmoins, ce que « la politique allemande » doit empêcher

avant tout en France : « c'est la fusion des éléments confes-
» sionnels et nationaux. » *Confessionnel* ne veut pas dire
clérical; c'est tout ce qui tient à une religion quelconque. Les
institutions luthériennes du Hanovre sont *confessionnelles*
aussi bien que les établissements catholiques de la Westphalie;
et tout cela est également mauvais quand c'est en même temps
national.

Dieu et la France, c'est-à-dire la France servant Dieu, et
lui confiant le soin de sa nationalité : ce serait trop pour *les
besoins* de la Prusse. Fût-elle abandonnée du monde entier,
on ne sait ce qui pourrait arriver si la France devenait *Bundnissfœhig, capable d'alliance avec le Christ!* Cet allié-là est
aussi un ennemi du cabinet berlinois ; lui déclarer la guerre
est la meilleure des recommandations aux yeux de nos *amis
de* 1871. Il faut, au contraire, y regarder à deux fois avant
de trop se montrer son serviteur, cela pourrait : « nuire aux
relations, etc. »

Quant à ce qui est *national,* ceux qui acceptent de pareils
éloges des reptiles prussiens prouvent assez qu'ils y ont re-
noncé, comme au *confessionnel,* Aussi, comme on les aime...
à Berlin !

VII

M. de Bismarck en présence d'une Chambre rebelle

2 novembre 1877.

Au lendemain de nos défaites, et sous le coup des cruelles
leçons que nous venions de recevoir, il s'est produit en
France un mouvement assez naturel de mécontentement
contre tout ce qui nous avait manqué, et d'admiration pour
ce qui avait permis à nos ennemis de nous écraser. Les dé-
fauts de notre organisation militaire ont été critiqués vio-
lemment, aussi bien par les bons juges que par ceux qui n'y
entendaient rien, et, d'autre part, avec une exagération insé-
parable de tout ce qui est réaction, on s'est pris à trouver
admirable tout ce qui constitue l'armée prussienne.

Il en fut ainsi du reste, ou du moins de bien des choses, et nous avons pu lire souvent des déclamations, tantôt sensées, tantôt absurdes, sur la rare persévérance avec laquelle la Prusse avait préparé, depuis de longues années, l'état militaire qui lui a valu de si beaux triomphes et qui continue à la rendre si puissante.

Il n'est peut-être pas inopportun de rappeler, que le gouvernement prussien, à partir du jour où il est devenu parlementaire, a dû, pour arriver à ces résultats, soutenir une lutte acharnée contre tout ce qu'il y avait de libéraux et de radicaux en Prusse. Un moment vint où la Chambre des Députés, *remplie tout entière par l'opposition libérale,* refusa les fonds nécessaires à l'organisation de l'armée et, par suite, le vote du budget.

C'est au plus vif de cette crise que M. de Bismarck, devenu aujourd'hui le si fidèle allié de M. Gambetta et de toutes nos Gauches, fut appelé à former à Berlin un *Cabinet de combat.* Cette période de sa carrière a certainement été une des plus brillantes. Il n'avait pas, comme aujourd'hui, de merveilleux succès à invoquer pour imposer le silence à ses adversaires : il *préparait* ces succès, mais personne n'y croyait encore. C'est tout ou plus si on les souhaitait.

Le Cabinet présidé par M. de Bismarck gouverna cinq ans *avec un budget que la Chambre-Haute votait seule.* Si l'opposition de la Chambre des Députés avait suffi pour jeter à la porte un ministère qui lui déplaisait et pour imposer des réductions aux dépenses de l'Etat, nous aurions assurément à nous en féliciter, mais il n'en serait pas de même de la Prusse.

Il n'est pas question aujourd'hui d'une dissidence entre le gouvernement français et la Chambre des Députés à propos des dépenses de l'armée. Notre position diffère aussi en ce que le Cabinet du Maréchal *ne prépare, ni ne souhaite une guerre.* Mais il y a une ressemblance d'un ordre plus général entre l'ancien Cabinet Bismarck et notre ministère actuel : il s'agit, dans les deux cas, d'un conflit entre le Gouvernement et *une* des deux Chambres, tandis que *l'autre* Chambre pourrait se ranger du côté du pouvoir exécutif.

A ce titre, et surtout en présence de la scandaleuse alliance qui s'est établie (spontanément, nous voulons le croire) entre les chefs de notre opposition et le chancelier prussien, les anciennes opinions de M. de Bismarck ont une certaine valeur d'actualité.

« La base constitutionnelle, dit-il un jour, c'est partout le
» compromis. Cette base, la Constitution prussienne l'indique
» d'autant plus nécessairement qu'elle exige aussi, pour ce
» qui concerne le budget, l'accord des trois pouvoirs législa-
» tifs. Il est vrai que, par rapport au budget, ces pouvoirs,
» placés à côté les uns des autres, ne sont pas absolument
» égaux, *mais ils ont des droits également absolus.* La Consti-
» tution n'oblige aucun d'eux à se subordonner aux autres.
» *Elle ne confère pas non plus le droit à l'un des pouvoirs de*
» *dire un* sic volo, sic jubeo, *devant lequel les autres pouvoir*
» *auraient à s'incliner.* »

Dans les passages suivants, les termes de *Roi* et de *Cham-bres des Seigneurs,* malgré les différences réelles qu'elles expriment, ne changent rien à la valeur du raisonnement, même dans une république : « Si vous avez le droit, messieurs, le
» droit exclusif d'établir définitivement le budget dans son
» ensemble et dans tous ses détails ; *si vous avez le droit de*
» *demander à Sa Majesté la démission des ministres qui n'ont*
» *pas votre confiance... le droit aussi de contrôler les rapports*
» *du pouvoir exécutif de l'État avec ses organes, vous seriez*
» *alors en possession de tout pouvoir de gouvernement en ce*
» *pays...* »

« .... C'est-à-dire, à mon sens, que ce que vous réclamez
» peut, en pratique, se résumer dans ces quelques mots :
» Sommation est faite à la maison de Hohenzollern de trans-
» férer ses droits constitutionnels à la majorité de cette
» Chambre... »

Après être revenu sur l'idée des *compromis constitutionnels,* qui consistent dans la nécessité, pour celui des pouvoirs qui est *seul de son avis,* de s'arranger avec les deux autres ou de leur céder, le ministre prussien ajoutait : « Que l'un des
» pouvoirs veuille persister dans ses propres vues avec un ab-
» solutisme doctrinaire, la série des compromis se trouve in-

» terrompue ; *à leur place naissent des conflits, et, comme*
» *l'existence de l'État ne peut s'arrêter, les conflits dégénèrent*
» *en questions de pouvoir ; celui qui a le pouvoir en main con-*
» *tinue à avancer dans le sens qui est le sien, parce que la vie*
» *de l'État, je le répète, ne peut s'arrêter un instant... »*

Pas trop mal dit, ce me semble, pour un ami de M. Gambetta ! Voici d'ailleurs un mot qui s'adresse directement à
ceux qui ne craignent pas d'invoquer, pour soutenir leur
thèse, les motifs tirés de *l'effet produit à l'étranger :* « Mes-
» sieurs, lorsqu'on s'efforce de représenter notre patrie
» comme abaissée vis-à-vis de l'étranger parce que le parti
» auquel on appartient n'est pas au pouvoir, *je laisse à ceux*
» *qui,* soit dans cette Chambre, soit au dehors, *s'expriment*
» *en ce sens, la responsabilité de l'effet produit par de telles pa-*
» *roles.* Je ne perdrai pas un mot sur ce sujet et m'en référe-
» rai aux faits que chacun a sous les yeux... » Ce qui revient
à dire, pour nous : lisez les journaux ennemis de la France.

Les mots vifs abondent dans les discours du ministre prussien : « Le plus odieux de tous les monopoles, c'est celui
» des talents et des vertus politiques que s'arrogent certains
» partis et leurs chefs. » Cela s'adresse aux libéraux de tous
les pays. Voici maintenant pour les amateurs de portefeuilles :
« L'orateur s'est plaint de ce que je crois posséder seul vis-
» à-vis du pays toute la sagesse. En cela, il y a bien quelque
» exagération ; le peu de sagesse que je crois posséder, il me
» faut l'employer dans la position où je suis appelé par la
» confiance du Roi. Si mes conseils sont parfois écoutés en
» haut lieu, c'est sans doute parce que je suis ministre. Quand
» vous le serez à votre tour, vous aurez aussi, vous, et de la
» même manière, occasion de placer votre sagesse. »

Ailleurs encore, et bon pour tout le monde : « Nous exi-
» geons en Prusse, pour toute fonction publique, par exemple
» pour la justice, voire pour les fonctions de sous-officier et
» pour tout autre emploi, des examens, des études prépara-
» toires spéciales, des épreuves difficiles ; mais, quant à la
» haute politique, chacun peut s'y livrer, chacun se sent apte
» à en faire, et, dans ce champ ouvert à toute conjecture, rien
» n'est plus facile, en y mettant une certaine assurance, que

» d'affirmer, non sans apparence, la possibilité de toutes
» choses... C'est une erreur dangereuse, mais fort répandue
» aujourd'hui, de croire qu'en politique ce que l'intelligence
» des hommes d'expérience ne voit pas, peut être révélé aux
» dilettantes politiques par la simple intuition. »

Un autre trait, plus empreint de colère : « M. le préopinant
» a dit qu'il me manque l'intelligence de la politique natio-
» nale. Je puis lui renvoyer le reproche, mais en supprimant
» l'adjectif : je trouve qu'il lui manque l'intelligence de la
» politique, en général. Cette intelligence, sans doute, n'est
» pas plus répandue dans d'autres pays que dans le nôtre,
» mais pourtant il est rare (?) de trouver en d'autres Par-
» lements, ce degré d'assurance dans la forme et dans l'ex-
» pression des opinions, joint à une dose égale d'ignorance
» des choses. »

Cela n'empêchait pas ce Parlement, comme tant d'autres,
de vouloir que les ministres fussent « à sa merci. » — « De
» cette manière, nous ne serions plus ministres du pouvoir
» exécutif, nous serions ministres du Parlement, nous serions
» vos ministres, Messieurs, et j'espère, grâce à Dieu ! que
» nous n'en viendrons pas là... » La remarque suivante est
» d'une justesse frappante : « *Le Roi serait, en conséquence, une*
» *personnalité ayant moins d'influence sur les affaires*, je
» ne dirai pas que chacun des députés, mais bien *que chaque*
» *chef d'une des fractions de cette Chambre*, avec lequel il faut
» que je capitule, si je veux le gagner.... Et pourtant les
» dispositions constitutionnelles sont parfaitement claires, en
» vertu desquelles le Roi a le droit de choisir ses minis-
» tres !... »

Il faut se borner ; mais voici pourtant encore une apostro-
phe mordante et qui semble inventée pour nos républicains :
« Vous faites tout ce qui dépend de vous pour arrêter le
» mouvement de la machine de l'État, même en portant pré-
» judice, je suis bien forcé de le dire, à notre pays, dans la
» politique extérieure, autant que vos attributions vous le
» permettent, par ce refus de votre concours. Tout cela pour
» exercer une pression sur la couronne, afin qu'elle renvoie
» ses ministres... *Messieurs, vous vous donnez ainsi exactement*

» *le rôle de la fausse mère dans le jugement de Salomon, qui*
» *préfère voir l'enfant périr plutôt qu'on dispose de lui autre-*
» *ment qu'elle ne veut.* Comment vous accorderez-vous là-
» dessus avec vos électeurs? c'est affaire à vous; *je crois*
» *qu'être élu n'est pas si difficile. Quand on sait promettre, on*
» *peut être élu.* »

Il avait raison, ce Prussien, et, s'il avait résisté moins énergiquement au *libéralisme*, la fausse mère aurait fait périr l'enfant dont il a fait depuis un si brillant élève. Il a raison,
maintenant encore, de faire plaider ses journaux pour la Révolution, cette fausse mère, cette homicide acharnée à la
mort de la France. Il est là, l'arme au poing, prêt à exécuter
la sentence, et il ne daigne même plus dissimuler son amour
pour ses complices.

Où est le juge qui saura s'inspirer de la sagesse de Salomon
et chasser la marâtre? — Quel nouveau crime attend-on de
ceux qui ont déjà fait appel au bourreau?

VIII

Pourquoi on les aime.

3 novembre 1877.

Il n'est plus nécessaire d'aller chercher des révélations dans
les dépêches publiées, par M. d'Arnim : « L'organe accrédité
» de M. de Bismarck » (c'est M. Gambetta qui la nomme
ainsi), la *Gazette de l'Allemagne du Nord* daigne expliquer
elle-même à quoi tient sa tendresse pour nos républicains (1).

Elle ne nous apprend rien de nouveau, mais ce qu'elle dit
sur un pareil sujet a plus de portée que tous les raisonne-
ments, que toutes les conjectures. On pourrait être tenté de
nous reprocher, à nous, un esprit de parti; on pourrait dire
des dépêches de M. de Bismarck qu'elles ont vieilli. Mais
c'est hier, 31 octobre, que *l'organe accrédité* a fait ses aveux;
il n'y a donc pas moyen de récuser, soit l'autorité, soit l'actualité de ce précieux morceau.

(1) Appendice III.

L'autre jour, à propos d'un autre article de la feuille bismarckienne, la *République française* prononçait le mot de *haute trahison*, et elle avait l'impudence de s'emparer de cette arme prussienne pour en menacer le maréchal : « *Si M. de* » *Mac-Mahon a lu,* disait-elle, *nous estimons qu'il compren-* » *dra* (1). »

Avez-vous lu, à votre tour ? avez-vous compris ? avez-vous appris, si tant est que vous l'ayez jamais ignoré, pourquoi les *organes accrédités* du chancelier prussien se sont faits vos courtiers d'élection ?

Il paraît que des journaux conservateurs allemands s'étaient étonnés de voir un journal *officieux* de la *monarchie* prussienne patronner avec tant de zèle les *républicains* français.

La *Gazette de l'Allemagne du Nord* leur reproche un excès de naïveté, et elle a raison. Elle proteste, en outre, prudemment, contre l'idée qu'elle songe à poursuivre le *Kulturkampf* en France, car cela ne serait pas de nature à rassurer *tous* les Allemands. Or, l'*organe accrédité* du grand homme d'Etat voudrait prouver que *tout* Allemand doit aimer, sinon nos républicains, au moins notre république, et pour atteindre ce résultat, il daigne faire un cours de haute politique aux sujets de Guillaume, sans acception de religions, de partis ou de couleurs quelconques. On ne peut que profiter en écoutant un pareil maître. Oyons donc, et admirons d'abord l'habile emploi que fait l'éloquente *Gazette* de la figure de rhétorique connue sous le nom de réticence :

« Nous éviterons d'opposer à la polémique de nos adver- » saires autre chose que les leçons de l'histoire. Nous ne vou- » lons effrayer personne en émettant l'opinion que, *dans la* » *politique extérieure, le bonheur et la prospérité ou la puis-* » *sance et l'éclat des voisins ne peuvent pas être toujours le but* » *qu'on poursuit, ou que, semblable à un habile négociant, la* » *politique extérieure doit, dans ses relations avec les Etats étran-* » *gers, profiter des conjonctures les plus favorables à ses vues.*

» Incontestablement il y a, même dans la politique étran- » gère, une morale, une loi morale (qui l'eût cru ?), qui in-

______

(1) Appendice II.

» terdisent les menaces perfides ; mais, en politique peut-être
» plus encore qu'ailleurs, il faut tenir compte du proverbe :
» *La chemise est plus près de la peau que l'habit,* et *un homme*
» *d'État qui sacrifierait à la* PROSPÉRITÉ *d'une nation étrangère*
» *l'intérêt de son propre pays,* acquerrait peu de titres à la re-
» connaissance de ses concitoyens.

  » *Les adversaires* ALLEMANDS *de la position que nous avons*
» *prise dans la question constitutionnelle française nous dispen-*
» *seront sans doute d'approfondir davantage ces considérations ;*
» *on comprend aisément pourquoi.* »

Je crois bien qu'on le comprend ! Mais M. Gambetta a-t-il
lu ? « S'IL A LU, NOUS ESTIMONS QU'IL COMPRENDRA, » comme
un simple mortel.

L'organe accrédité, pour éviter de creuser la question, choi-
sit deux exemples historiques et suppose (très-gratuitement,
il faut le dire) que ceux qui combattent la République en
France auraient pour idéal : « Un empire napoléonien ou
» une aristocratie à la Louis XIV. Car, ajoute-t-il, sous au-
» cun des autres régimes la France n'a été aussi *en ordre à*
» *l'intérieur.* »

Peu importe ce qu'il y a d'erroné dans cette appréciation ;
la thèse reste bien limpide : *l'ordre intérieur en France est ce*
qu'il faut éviter à tout prix, car alors : « les voisins sont tous
» menacés ; les peuples qui s'efforcent de résister à ces tyrans
» sont écrasés, etc. » Le motif *oratoire* qui a fait choisir
Louis XIV et *Napoléon* ressort très bien de ce tableau. — Si
la France n'était pas en république, elle tomberait aux
mains d'un « despotisme ennemi de la paix ». — Quel lec-
teur allemand résisterait à la force d'un raisonnement pareil ?

La *Gazette du Nord* explique ensuite que, sans aimer la
République, elle ne la croit cependant pas contagieuse pour
les populations allemandes, chez lesquelles « le sentiment
» monarchique est profondément enraciné. » Aussi a-t-elle
bien raison d'être rassurée :

  « Une république aux frontières de l'empire allemand ne
» menace pas, à beaucoup près, la paix de nos peuples autant
» que le ferait, dit-elle en terminant, *un* gouvernement des-

» potique, certainement guidé par des influences hostiles à
» l'Allemagne. »

L'ordre ne peut régner en France sans le despotisme ; or,
le despotisme serait dangereux pour les voisins ; donc, il ne
faut pas que la France sorte de l'anarchie. — Si fausses que
soient les prémisses de ce syllogisme, il est rempli d'élo-
quence, et promet un brillant avenir à nos anarchistes :
M. de Bismarck sera toujours à leur service.

Et qu'on ne vienne pas nous dire que *république* et *anarchie*
font deux : ce qui plaît à M. de Bismarck dans la république,
pour nous, c'est qu'elle est *incompatible avec l'ordre.* La franchise insolente de cet article et l'assurance avec laquelle il
compte que nos ennemis du dedans n'auront pas même le
cœur assez haut pour se sentir atteints en plein visage, me
font soupçonner que l'écrivain est un bien grand personnage.

APPENDICE

I

La *Gazette de l'Allemagne du Nord* s'exprimait ainsi, dans son numéro du 25 octobre, au sujet du conflit imminent des pouvoirs publics en France :

« Il est désirable qu'une révolution par en haut ou seulement une tentative à cet effet soit épargnée à la France, et que les détenteurs du pouvoir exécutif cherchent à s'entendre avec l'opinion populaire dans les limites de la Constitution. La paix européenne ne pourrait par là qu'être consolidée ; car, en dépit de tous les sentiments nationaux, la majorité actuelle de la Chambre des Députés se laisse trop bien guider par des considérations pratiques, comme l'a du reste prouvé la période électorale, pour se faire l'instrument passif du fanatisme aveugle d'une politique guidée par des intérêts étrangers.

» Mais c'est justement l'indépendance de la majorité, à ce point de vue, qui est son plus grand crime aux yeux de ses adversaires, et les efforts ne manqueront pas pour la remplacer par des instruments plus souples.

» En lui-même, le développement de ces événements pourrait n'avoir, pour l'observateur impartial à l'étranger, qu'un intérêt purement psychologique. Personne dans le monde, et l'Allemagne moins que personne, ne pense à imposer aux Français telle ou telle forme de gouvernement, telle ou telle doctrine dominante. C'est déjà un grand mérite pour les républicains en France que la République ne puisse plus à *priori* être considérée comme identique à l'anarchie, que la République en elle-même ne puisse plus paraître un danger pour la paix du monde.

» Bien plus, dans la situation actuelle, la République, mais une République sincèrement libérale, en France, paraît être la meilleure garantie d'une politique pacifique, et les partis qui cherchent avec tant d'ardeur, à Paris, à préparer les voies à une autre solution, devraient commencer par se demander si le succès de leurs plans n'ébranlerait pas les relations amicales qui, pour le profit de tout le monde, ont lié la France de 1871 avec les autres nations, et que tout le monde, en Allemagne en particulier, désire maintenir et affermir de plus en plus. »

II

Il paraît que cet article, où sont si étroitement unies la République et la France telle que l'ont faite les désastres *de* 1871, ne fut pas transmis aux journaux avec assez de promptitude, du moins au gré de la *République française,* car elle se plaignit de ce retard dans les lignes suivantes, qui méritent d'être conservées. (*République française* du 29 octobre.) (1)

« A la date du 24 octobre, l'*Agence Havas* a télégraphié à tous les journaux d'Europe un extrait d'un article très important de la *Gazette de l'Allemagne du Nord.* Cette dépêche n'a point été communiquée aux journaux français. Il est fort probable que ce n'est pas par le fait de l'*Agence,* mais que ce télégramme a été arrêté au ministère de l'intérieur. M. de Fourtou aurait dû penser pourtant qu'il ne lui serait par commode de mettre l'embargo sur toutes les feuilles étrangères qui ont reproduit soit la dépêche de l'*Agence Havas,* soit l'article même de la *Gazette de l'Allemagne du Nord.* Il aura voulu gagner deux ou trois jours. C'est autant de pris pour la politique d'autruche, à laquelle collabore avec lui M. le député de Puget-Théniers.

» Nous serions curieux de savoir si MM. les ministres ont traité M. le Président de la République avec le même sans façon, et si, par mesure de sûreté générale, M. le maréchal de Mac-Mahon n'a pas reçu non plus communication de l'article publié par l'organe accrédité de M. de Bismarck. Le *Times* prétend irrévérencieusement que M. le Président de la République ne lit guère que le *Figaro.* Certes, les articles de M. Saint-Genest sont d'une lecture saine et fortifiante, mais ils ne suffisent peut-être pas à renseigner M. le Maréchal sur la situation des esprits en France et sur la pensée intime des gouvernements étrangers. Dans la situation actuelle, si les ministres de M. de Mac-Mahon s'étaient permis de lui cacher un document aussi grave que l'article de la *Gazette de l'Allemagne du Nord,* ce serait tout simplement un cas de haute-trahison. DANS LE CAS CONTRAIRE, ET SI M. DE MAC-MAHON A LU, NOUS ESTIMONS QU'IL COMPRENDRA. »

III

Voici l'article de la *Gazette de l'Allemagne du Nord,* du 31 octobre. *La République française* l'a publié dans son numéro du 3 novembre 1877.

« Lorsque, il y a un certain temps, les libéraux envisagaient dans la situation constitutionnelle de la Grande-Bretagne le type presque irréalisable d'un gouvernement constitutionnel, les conservateurs insistaient avec raison sur le caractère contradictoire d'une doctrine qui croyait pouvoir chercher à l'étranger des indications au point de vue de la politique à suivre dans leur propre pays. Depuis ce moment, le culte des libéraux pour la constitution anglaise a été ramené à sa juste valeur. Mais nous avons lieu de nous étonner de voir les conservateurs eux-mêmes commettre aujourd'hui la même faute. Tel est pourtant le phénomène qui nous frappe dans l'appréciation des choses de France.

(1) Voir le *Monde* du 31 octobre.

» Un journal qui se dit conservateur nous a reproché de vouloir envisager dans une République française une meilleure garantie au point de vue de la paix européenne que dans une dictature dominée par des influences cléricales ou dans une monarchie qui, tôt ou tard, devrait donner à ses relations extérieures une tournure donnant satisfaction à ces mêmes influences cléricales. Il va sans dire que la *Germania* s'est empressée de s'approprier cette critique dirigée contre notre point de vue. Pour y répondre, nous n'empruntons des arguments qu'à l'histoire elle-même. Nous ne voulons effrayer personne en déclarant que, dans la politique extérieure, ce n'est pas toujours le bonheur et le bien-être, la puissance et la prospérité de ses voisins que l'on doit avoir en vue ; mais nous dirons qu'une politique extérieure raisonnable doit dans ses relations avec les Etats étrangers prendre pour objectif, comme pourrait le faire un habile négociant, la conjoncture la plus favorable.

» Il existe incontestablement pour toute politique extérieure une loi morale qui interdit toute menace dirigée sourdement contre la paix. Mais dans la politique, plus peut-être que dans tout autre ordre d'idées, il est vrai de dire que charité bien ordonnée commence par soi-même. Un homme d'Etat ne pourrait guère compter sur la reconnaissance de ses concitoyens s'il s'avisait de négliger l'intérêt de son propre pays pour se préoccuper de l'intérêt des nations étrangères. Nos contradicteurs allemands, qui contestent la justesse de notre point de vue dans l'appréciation des questions constitutionnelles françaises, nous permettront d'entrer dans certaines explications à ce sujet.

» La raison de notre attitude est manifeste, mais un exemple suffira pour faire reconnaître toute la folie d'une politique qui consisterait à considérer la République en France comme un fait hostile à l'intérêt allemand. L'idéal d'une telle politique serait incontestablement, soit un empire dans le style napoléonien, soit une autocratie dans le sens de Louis XIV, car, sous aucun autre régime, la France n'a jamais eu une organisation intérieure plus complète.

» Cela posé, qu'a été la politique extérieure de Bonaparte ? qu'a été celle du grand Louis ? Une menace permanente contre tous les Etats voisins, une lutte à mort contre les peuples qui osaient résister à ces absolus dominateurs. Au prix de son sang, la nation allemande s'est affranchie du cauchemar occidental qui, durant tant d'années, pesait sur elle, et, aujourd'hui, des hommes qui se disent conservateurs ne peuvent comprendre que nous préférions, à la restauration d'un despotisme brouillon, la République qui, aussi bien qu'un empereur soldat, peut assurer à la France le calme à l'intérieur, sans menacer constamment de son épée nue les Etats voisins.

» Nous ne comprenons pas ce genre de politique, et il faut toute la sentimentalité d'un idéologue allemand pour désirer qu'une telle situation se produise de nouveau sur notre frontière de l'ouest, dans le seul but de ne pas être forcé de voir une république s'établir à côté de nous, dans le groupe des Etats européens. Nous sommes certes fort éloignés d'éprouver nous-mêmes des velléités républicaines, mais nous pensons que les sentiments monarchiques sont trop profondément enracinés dans le cœur du peuple allemand pour que l'existence d'une république sur notre frontière puisse nuire à la tranquillité de notre pays autant que serait forcé de le faire un gouvernement despotique, dominé nécessairement par des influences hostiles à l'Allemagne.

» Nous ne pouvons finalement répondre que par un sourire à ceux qui insinuent que la façon dont nous envisageons la situation de la France constitue une tentative de propagande en faveur de la lutte civilisatrice. Le jugement que nous avons porté sur la lutte civilisatrice ne nous a certainement pas valu assez d'éloges de la part des batteurs de grosse caisse de la civilisation, pour que nous ayons le droit de nous considérer comme des partisans de la lutte civilisatrice quand même. Il y a, du reste, si peu de rapport entre la France et la lutte civilisatrice, que la *Germania* et les autres journaux du même acabit sont forcés, pour prouver cette connexité, de faire de véritables miracles de subtilité sophistique. En agissant ainsi, les feuilles cléricales remplissent peut-être un devoir qui leur est imposé ; mais les journaux qui prétendent représenter la politique vraiment conservatrice, vraiment *allemande*, devraient quelque peu se garder de servir la cause des adversaires intérieurs et extérieurs de la paix et du bien-être de l'Allemagne, en dénaturant les faits à ce point. »

IV

Nous citerons enfin quelques passages de l'article important et remarqué de la *Pall-Mall Gazette* du 16 novembre ; il a ce titre significatif : *L'intérêt allemand dans la crise française.*

« L'intérêt extrême pris par le gouvernement allemand dans la querelle politique qui fait rage en France est notoire, et il est également bien connu, — en vérité, cette affaire ne comporte plus aucun secret, — que le chancelier germanique désire ardemment la défaite des conservateurs.

» De temps à autre, aux périodes critiques, des articles sont publiés dans les journaux officieux allemands, où l'on dit que si les Français veulent la paix, le mieux pour eux est de se placer sous le régime de M. Gambetta.

» Comment se fait-il qu'il en soit ainsi ? L'empereur d'Allemagne n'est pas, naturellement, un patron du radicalisme ; son chancelier ne peut pas avoir de sympathies pour la Révolution, et s'il est au monde une ville où les éléments du socialisme couvent d'une manière plus dangereuse que partout ailleurs, c'est à Berlin.

» ... Selon nous, voici l'explication du phénomène : au cas où le régime républicain se substituerait au maréchalat, il serait ou pacifique ou turbulent. S'il était turbulent, il y aurait quelque chose à retrancher de la prospérité de la France et de sa force comme puissance dans les affaires européennes. S'il était pacifique, la question est de savoir si le Gouvernement appartiendra aux républicains modérés ou aux exaltés. Dans la seconde de ces prévisions, il faudrait compter sur des troubles à l'intérieur, et ce serait encore là un avantage pour l'Allemagne...
« *Si les républicains arrivent au pouvoir, le prince de Bismarck aura une*
» *corde de plus à son arc.* »

V

Extrait du discours prononcé devant la Chambre des députés par M. de Fourtou, ministre de l'intérieur, dans la séance du 14 novembre 1877.

« **M. LE MINISTRE.** — ...Cette opposition ainsi constituée, quel langage a-t-elle tenu au pays ? Par quel langage, par quels écrits, par quels actes a-t-elle entraîné une partie des électeurs ? Dans ses discours, dans ses brochures, dans ses journaux, par la bouche de ses innombrables agents, l'opposition égarait le pays. Elle lui disait que nous voulions porter atteinte à la Constitution, alors qu'elle savait bien que cela n'était pas vrai. (Exclamations ironiques à gauche.) Elle lui disait que nous voulions ramener la France vers les abus de l'ancien régime, à la dîme, à la rente, aux corvées.

» *Un membre au centre.* — M. de Poli l'a dit !

» **M. LE MINISTRE.** — ...Alors qu'elle savait bien que c'était le plus vain et le plus ridicule de tous les mensonges.

» Ce n'était pas assez, et faisant appel au plus antifrançais de tous les sentiments, la peur, elle affirmait que le triomphe du Gouvernement serait le signal et le prélude d'une guerre étrangère. (Applaudissement à droite.)

» Ainsi elle excitait chez nous les alarmes et provoquait au dehors les défiances. Rien n'a manqué à cette triste mise en scène. (Vives marques d'adhésion à droite. — Rires ironiques à gauche.)

» L'acte du 16 mai, représenté comme une provocation aux idées et aux sentiments qui prédominent dans certains États de l'Europe ; des articles de journaux partis de Paris pour l'extérieur... (dénégations à gauche ; — oui ! oui ! à droite), revenant ensuite comme une émanation de la presse étrangère et accomplissant ainsi de chaque côté de la frontière leur œuvre détestable d'inquiétude et d'angoisse... (vive approbation à droite) ; les mesures de défense intérieure, adoptées par les États voisins dans des conditions qui les rendaient les plus étrangères par leurs dates et par leur but aux préoccupations de la politique française, signalés comme une réponse au 16 mai... (approbation à droite) ; les voyages de certains hommes d'Etat de l'Europe, interprétés comme la préparation de combinaisons hostiles à la France, voilà ce que nous avons vu, voilà le spectacle que l'opposition nous a montré ! (Applaudissements répétés à droite. — Rumeurs et réclamations à gauche.)

» **M. VIETTE.** — Allez ! la France vous renie et vous rejette !

» **M. LE MINISTRE,** s'adressant à la Gauche. — Vous ne sentiez donc pas que la plus sanglante blessure qu'on puisse infliger à un grand peuple. c'est de faire peser sur ses délibérations et sur sa liberté de semblables préoccupations ? (Très bien ! très bien ! à droite.)

» *Voix à gauche.* — C'est vous qui l'avez fait !

» **M. LE MINISTRE.** — La France n'avait donc pas assez souffert... (exclamations et rires ironiques à gauche ; — applaudissements prolongés à droite) ; elle n'avait donc pas assez lourdement porté le poids de ses malheurs ? (Interruptions à gauche) Il fallait encore qu'on spéculât sur ses tristesses...

» *Voix à gauche.* — Assez ! assez !

» **M. ÉDOUARD LOCKROY.** — C'est scandaleux ! (Exclamations à droite.)

» **M. LE PRÉSIDENT.** — Monsieur Lockroy, je vous rappelle à l'ordre. (Très bien ! très bien ! à droite.)

» **M. LE MINISTRE.** — Il fallait encore qu'elle reçût de ses propres enfants cette dernière douleur ! (Très bien ! très bien ! à droite.) »

(Journal officiel du 15 novembre 1877.)

VI

Extrait du discours prononcé devant la Chambre des députés, par M. Jules Ferry, dans la séance du 14 novembre. — Réponse au discours de M. de Fourtou.

« **M. JULES FERRY.** — Mais, avez-vous dit encore : Nous avons trompé la France en dénonçant votre politique comme dangereuse pour la sécurité extérieure du pays.

» Oui, nous l'avons dit et nous vous le disons encore. (Applaudissements à gauche et au centre.)

» Messieurs, je crois qu'on peut s'expliquer franchement et clairement sur ce sujet, et j'estime que le vrai patriotisme ne consiste pas à voiler les périls par je ne sais quelle fausse pudeur, mais à montrer le danger quand on est encore à temps pour l'éviter.

» *A droite.* — C'est vous qui les créez, ces dangers!

» **M. JULES FERRY.** — Eh bien, on n'a jamais dit et vous le savez mieux que nous, que le ministère qui est sur ces bancs eût le moins du monde l'intention de jeter la France dans une aventure belliqueuse.

» Mais on a dit autre chose, et une chose beaucoup plus grave : Les alliances intérieures dont ce cabinet ne peut se passer mènent tout droit notre pays de France à une situation extérieure telle que l'on peut affirmer qu'il n'y en aurait pas eu de plus dangeureuse depuis Sedan. (Applaudissements à gauche et au centre.)

» **M. LAROCHE-JOUBERT.** — Quelles sont ces alliances?

» **M. DE LA BASSETIÈRE.** — On n'a jamais parlé comme cela dans l'ancienne France!

» **M. JULES FERRY.** — Messieurs, il serait assurément plus commode, il serait infiniment plus agréable et satisfaisant pour l'esprit de pouvoir faire chez nous une politique absolument désintéressée de l'état des choses en Europe, une politique complétement isolée des intérêts, des passions, des préjugés, des ambitions de nos voisins. Cela a été, messieurs, en d'autres temps quand la France était forte et quand on venait chez elle prendre le mot d'ordre ; mais les fautes et les crimes de l'empire ont pour longtemps, éloigné de nous ces destinées favorables. (Applaudissements à gauche et au centre. — Rumeurs à droite.)

» **M. LAROCHE-JOUBERT.** — A quelle époque la France a-t-elle été plus respectée que sous l'empire?

» **M. JULES FERRY.** — Nous sommes donc dans la nécessité de faire une politique qui s'inquiète de la situation de l'Europe et qui en tient compte. Eh bien, en deux mots, quelle est-elle, cette situation?

» Il y a deux questions étrangères en Europe : la question d'Orient, dont je ne veux rien dire, et puis il y a ce que j'appellerai la question d'Occident, c'est-à-dire la question cléricale. (Exclamations à droite. Ah! ah! nous y voilà. — Applaudissements à gauche et au centre.)

» **M. DE BAUDRY-D'ASSON.** — Il y a si longtemps qu'on en avait parlé!

» **M. JULES FERRY.** — Je n'entends pas vos interruptions tumultueuses et je ne ne veux pas y répondre.

» *A gauche.* — Très-bien! Continuez!

» **M. JULES FERRY.** — Je dis que cette question d'Occident, qui implique essentiellement la conservation de l'Etat territorial de l'Italie, rallie la très grande majorité des Etats qui nous avoisinent. Je ne parle pas seulement de l'Italie et de l'Allemagne ; je parle aussi de l'Autriche, de la Russie, de l'Angleterre, qui sont toutes, résolûment, énergiquement conservatrices de l'Etat territorial de l'Italie.

» *Un membre à droite.* — Laissez-nous donc être maîtres chez nous!

» **M. JULES FERRY.** — Or, il y a un malheur pour le parti clérical en France...

» **M. DE LA ROCHEFOUCAULD, DUC DE BISACCIA.** — Il n'y a pas de parti clérical en France ; il y a des royalistes et des bonapartistes.

» **M. DE LA BASSETIÈRE.** — Nous sommes royalistes et catholiques.

» **M. JULES FERRY.** — L'observation de l'honorable duc de la Rochefoucauld Bisaccia est en effet très-juste.

» Il en est parmi nous qui ne sont que des monarchistes; mais il en est aussi qui ne sont que des cléricaux.

» **M. DE LA BASSETIÈRE.** — Des catholiques!

» **M JULES FERRY**. — Et d'ailleurs, je ne connais que bien peu de royalistes qui ne soient en même temps des cléricaux.

» *Un membre à droite*. — Catholiques ne veut pas dire cléricaux.

» **M. JULES FERRY**. — Je pourrais renvoyer mon honorable interrupteur à l'autorité infaillible en pareille matière ; je pourrais le renvoyer tout au moins à son évêque, et si l'Assemblée m'en donnait le temps, — je ne le lui demande pas d'ailleurs, — je pourrais lire un mandement de l'archevêque de Bourges... (lisez ! lisez !), qui déclare que quiconque se dit catholique et prétend n'être pas clérical est un mauvais catholique.

» Mais laissons là cet incident. Tout le monde sait à merveille ce que signifient ces appellations de catholiques et de cléricaux. (Interruptions et rumeurs à droite.)

» *Voix à gauche*. — Appliquez le règlement aux interrupteurs de droite, monsieur le président.

» **M. LE PRÉSIDENT**. — Il y a un règlement pour la droite comme pour la gauche. Mais il existe dans l'Assemblée une effervescence dont le président ne peut pas être le maître.

» **M. JULES FERRY**. — Messieurs, je disais qu'il y a pour le parti clérical ou catholique, comme vous voudrez l'appeler, un malheur : c'est que tous les adversaires du *statu quo* en Italie indiquent dans leurs discours, dans leurs mandements, dans leurs publications sans nombre, dans leur propagande incessante, qu'il existe quelque part une épée sur laquelle ils comptent, et cette épée, ils ne s'en cachent pas, c'est l'épée de la France.

» Voilà le danger. (Rumeurs à droite. — Très bien ! à gauche.)

» *A droite*. — Cette calomnie a été une manœuvre électorale.

» **M. JULES FERRY**. — Voilà, messieurs, l'état de l'opinion au dehors. (Nouvelles interruptions à droite.)

» **M. LE PRÉSIDENT**. — Laissez parler l'orateur.

» **M. DE LA ROCHEFOUCAULD, DUC DE BISACCIA**. — Qu'il ne fasse pas appel à l'étranger !

» **M. JULES FERRY**. — Maintenant, quelle est la situation intérieure? Elle se résout dans deux termes extrêmement simples. Il n'est pas possible de concevoir et de former, dans ce pays-ci, plus de deux majorités : ou une majorité républicaine et anticléricale, ou une majorité cléricale et monarchiste. (Rumeurs ironiques à droite.)

D'où il suit que si, par malheur, la majorité — chose impossible, et les dernières élections viennent de le prouver, — pouvait échapper au parti républicain libéral pour passer au parti clérical monarchique, l'étranger, qui n'est qu'attentif, deviendrait ombrageux et bientôt hostile... (1). (Protestations nombreuses à droite. — Applaudissements à gauche.)

» *A droite*. — C'est un appel à l'étranger!

» **M. JOLIBOIS** prononce quelques paroles au milieu du bruit.

» **M. LE PRÉSIDENT**. — Monsieur Jolibois, n'interrompez pas ainsi.

» **M. JULES FERRY**. — Messieurs, j'appelle ici votre attention sur une situation grave et dont les ministres qui sont sur ces bancs connaissent aussi bien la gravité que moi assurément. De plus, je justifie mon parti des accusations qui ont été portées contre lui à cette tribune.

---

(1) A ce moment, et au milieu des protestations que soulevaient du côté de la droite les paroles de M. Jules Ferry, M. Gambetta, montrant de la main les députés de la Droite, s'est écrié : « *Oui! hostile à vous!* »

Cette parole, entendue de toute la Chambre des députés et des tribunes, a été biffée dans le compte-rendu du *Journal officiel*, qui a d'ailleurs atténué sur plusieurs points le discours de M. Ferry.

» Je me défends, et c'est pourquoi je garde la parole.

» **M. DE LA ROCHEFOUCAULD, DUC DE BISACCIA.** — Vous les justifiez, ces accusations.

» **M. JULES FERRY.** — Je vous disais ceci, messieurs, c'est que, comme il est impossible de concevoir en ce pays-ci autre chose que deux majorités, l'une républicaine et anticléricale...

» **M. LAROCHE-JOUBERT.** — Dites donc anticatholique !

» **M. JULES FERRY.** — ....l'autre cléricale et monarchique, ainsi s'explique pour nous l'anxiété profonde avec laquelle l'Europe a suivi, depuis le 16 mai, le mouvement électoral français...

» *Un membre à droite.* — En France, soyons Français !

» **M. JULES FERRY.** — ....ainsi s'explique ce fait incontestable que, depuis six mois, les affaires intérieures de la France ont pris, dans les préoccupations de la presse européenne, une place plus grande que les affaires d'Orient elles-mêmes.

» Et ce ne sont pas seulement les journaux, l'opinion, qui sont curieux et attentifs ; ce sont les gouvernements eux-mêmes. (Vives réclamations à droite. — C'est vrai ! très-bien ! à gauche et au centre.)

» *Un membre à droite.* — C'est une honte qu'un pareil langage !

» **M. DE BÉLIZAL.** — Faites respecter la France, monsieur le président !

» **M. JULES FERRY.** — Et j'arrive ici, directement, à un des derniers incidents de la lutte électorale.

» Vous vous rappelez, messieurs, peut-être, que, la veille ou l'avant-veille du 14 octobre, M. le ministre de l'intérieur envoya dans les départements une dépêche très étendue dans laquelle figurent plusieurs altérations de la vérité, — je suis bien obligé de le lui dire....

» **M. PAUL DE CASSAGNAC** — Mais pas de l'état civil ! (Rires à droite.)

» **M. JULES FERRY.** — Le sel de cette plaisanterie m'échappe complétement.

» Cette dépêche avait pour but de démentir la nouvelle d'un prétendu traité d'alliance offensive et défensive entre l'Allemagne et l'Italie, en vue de se prémunir contre les résultats des élections en France. (Réclamations à droite. — Parlez ! parlez ! à gauche.)

» M. le ministre de l'intérieur donnait un démenti absolu, disait-il, absolu et catégorique, à toute espèce d'assertion de ce genre.

» Eh bien, ce qui était vrai, et ce que la lecture des journaux officieux d'Italie et d'Allemagne aurait pu vous démontrer...

» **M. LE DUC DE FELTRE.** — Le papier porte tout.

» **M. JULES FERRY.** — ... c'est qu'il n'y avait assurément pas de traité signé, mais qu'il existait des accords, des faits et des arrangements préparés... (exclamations à droite) ; et l'un des journaux officieux et très officieux que je vais citer, s'exprimait ainsi à propos de la dépêche de M. de Fourtou :

« Nous avons dit que ce traité n'était pas encore formellement conclu ;
» cela est vrai. Mais M. de Fourtou aurait dû au moins signaler succinc-
» tement la perspective que la *Gazette de l'Allemagne du Nord* faisait
» entrevoir pour le cas où les cléricaux remporteraient la victoire dans
» la lutte électorale en France. » (Vives interruptions à droite.)

» Vous ne m'empêcherez pas de continuer,

» **M. DE CLERCQ.** — On ne peut pas entendre un pareil langage.

» **M. PARIS**, *ministre des travaux publics.* — Allez donc prononcer ce discours à une tribune allemande ! (Applaudissements à droite.)

» **M. LE PRÉSIDENT.** — Veuillez faire silence, messieurs. On a écouté M. le ministre de l'intérieur ; vous devez écouter l'orateur qui est à la tribune,

» **M. JULES FERRY.** — Vous ne m'empêcherez pas de dire la vérité, et votre ministre des affaires étrangères lui-même me rendra cette justice, que je ne dis pas tout, parce que tout ne peut se dire.

» M. LE DUC DECAZES, *ministre des affaires étrangères*. — Ces assertions sont contraires à toute vérité ! (Applaudissements à droite.)

» M. JULES FERRY. — Ce ne sont pas mes assertions, monsieur le ministre, ce sont celles de l'organe officieux dont l'honorable M. de Fourtou invoquait le témoignage qu'il s'agit de réfuter, et ce même organe officieux, que M. de Fourtou citait dans sa dernière circulaire, savez-vous ce qu'il disait ?

« Des journaux italiens répètent ces jours-ci qu'il n'a pas été conclu » d'alliance entre l'Italie et l'Allemagne. Cela est vrai; il est également » certain que les négociations pendantes entre l'Italie et l'Allemagne » n'ont en aucune manière une tendance antipacifique, mais qu'elles » tendent à un concert réciproque, dans le cas où, après les élections » générales en France, les deux nations devraient se trouver en face » d'une France cléricale, par conséquent agressive, agressive par cela » seul qu'une France cléricale constitue une menace permanente contre » l'Italie. » (Protestations à droite.)

» *Voix nombreuses à droite*. — La signature ! la signature !

» M. ROBERT MITCHELL. — C'est un sieur Haeffner, rédacteur de la *République Française*, qui a écrit cela. (Rires et applaudissements prolongés à droite. — Bruit à gauche.)

» M. PAUL DE CASSAGNAC. — Ce sont des rapports d'agents prussiens !

» M. JULES FERRY. — Votre assertion est absolument inexacte, monsieur Mitchell.

» M. SPULLER. — Je demande la parole.

» M. JULES FERRY. — Voilà ce que nous avons dit aux électeurs.

» M. PAUL DE CASSAGNAC. — Vous êtes un agent de l'étranger ici. (Applaudissements à droite.)

» M. JULES FERRY. — Je ne réponds pas à de pareilles inepties.

» M. LE PRÉSIDENT. — Monsieur Paul de Cassagnac, je vous rappelle à l'ordre. (Très bien ! très bien ! à gauche et au centre.)

» M. PAUL DE CASSAGNAC. — Rappelez l'orateur à la pudeur et au patriotisme ! (Nouveaux applaudissements à droite.)

» M. JULES FERRY. — Ce sont là de grands mots qui voudraient passer pour de grosses injures, mais qui ne m'ôtent rien de mon sang-froid, et qui m'amènent, au contraire, à pousser jusqu'au bout la démonstration que j'ai entreprise.

» Nous avons dit aux électeurs que le triomphe d'une politique cléricale dans ce pays serait un danger pour les intérêts de la France, et nous le leur dirons encore. (Oui ! oui ! et applaudissements à gauche. — Protestations à droite.)

» Voilà le tableau de nos méfaits. Maintenant, si vous le voulez, Messieurs les ministres, nous allons passer aux vôtres. »

(Journal officiel du 15 novembre 1877.)

VII

Extrait du discours prononcé devant la Chambre des députés par M. le duc de Broglie, président du Conseil, ministre de la justice, dans sa séance du 15 novembre 1877.

« M. LE PRÉSIDENT DU CONSEIL. — Mais il y a l'autre calomnie; il y a celle que M. Jules Ferry a eu la mauvaise idée de défendre à cette tribune, en nous expliquant parfaitement, par sa manière de s'y prendre, comment on s'était arrangé pour la répandre : c'est la calomnie relative aux dangers de la guerre.

» Messieurs, s'il y a un sentiment général en France, un sentiment commun à toutes les classes sans exception, à tous les partis sans exception, à toutes les provinces de France sans exception, c'est le désir de la paix, c'est le besoin, après tant de souffrances, de jouir de la paix, de se livrer aux travaux de la paix. (Applaudissements à droite.) C'est le sentiment le plus vif, le plus général, et dont nous sommes tous pénétrés, tous, sans distinction de parti, de classe, de contrée. (Très bien ! très bien ! à droite.) Il suffit de traverser n'importe quelle province de France pour en être certain, et de causer avec un Français quelconque pour en avoir l'assurance. (Très bien ! très bien ! à droite.)

» Ah ! sans doute, les malheurs de la patrie ne sont pas oubliés et font encore saigner bien des cœurs. Sans doute, sur les frontières des provinces que la conquête nous a enlevées, les populations frémissent encore et laissent souvent éclater leur douleur. Sans doute aussi, les maux de l'Eglise et du Souverain-Pontife trouvent parmi nous plus d'un cœur fidèle qui s'en émeut. Ces sentiments s'expriment parfois tout haut, parfois par des gémissements ou par des soupirs. Mais, toutes les fois que l'expression de ces douleurs si légitimes a pu paraître de nature à alarmer la France sur ses rapports avec des puissances voisines, le moindre avertissement donné par le Gouvernement ou par le public lui-même, le moindre appel fait au patriotisme ont toujours été entendus et le silence s'est fait à l'instant. (Applaudissements à droite.)

» Comment donc a-t-on pu s'y prendre pour arriver à faire imputer sérieusement à un parti la pensée de troubler un sentiment si unanime ? Comment a-t-on pu faire croire à des Français, que d'autres Français, leurs meilleurs amis, leurs semblables, voulaient les précipiter de nouveau dans les horreurs de la guerre ?

» Ah! il a fallu y employer comme le jeu savant d'une machine à double ressort. Il a fallu inventer le mensonge en France, et l'envoyer ensuite perfectionner à l'étranger. C'est l'opération que, sous nos yeux, l'honorable M. Jules Ferry a accomplie à la tribune.

» Ne l'avons-nous pas vu, en effet, établir d'abord, avec une autorité doctrinale, qu'il y avait en France une fraction conservatrice, le parti clérical, qui voulait à tout prix, même au risque de la guerre, rétablir le Pape dans son pouvoir temporel ? Aucune protestation, aucune réclamation ne l'ont arrêté. Puis il a tiré immédiatement la conclusion que l'Italie, ainsi menacée, était *en droit*... je crois avoir entendu cette expression, bien que je ne l'aie pas retrouvée ce matin au *Journal officiel*.

» **M. PAUL DE CASSAGNAC.** — Il y en a bien d'autres qui ne s'y retrouvent pas.

» **M. LE PRÉSIDENT DU CONSEIL.**—...que l'Italie était en droit de prendre l'alarme et de se mettre en défense, si le parti auquel on supposait cette intention avait remporté une victoire, même partielle, dans les élections françaises.

» C'est exactement la répétition de ce qui se fait tous les jours, depuis six mois. On commence par affirmer qu'il y a des Français qui ne reculeraient pas devant la guerre ; puis, comme on ne le croirait pas tout de suite en France, on le fait répéter à l'étranger par les mille organes que compte la presse révolutionnaire de l'Europe.

» Qu'arrive-t-il alors? A force d'entendre répéter le même fait et de voir des Français dénoncer ainsi leurs compatriotes, l'étranger s'émeut, — non pas les cabinets étrangers, qui sont plus prudents et mieux informés, — mais le public étranger. Les journaux répondent à la menace supposée de la France par d'autres menaces correspondantes. Alors l'opération est faite : c'est le cas de revenir en France et d'y réimporter la calomnie qu'on avait commencé par exporter. (Vifs applaudissements à droite.)

» Inquiéter l'étranger sur les dispositions de la France, ensuite intimider la France par la menace de l'étranger : voilà l'opération tout entière.

» Et quand on songe par quelles mains elle est pratiquée; quand on songe quels sont les hommes qui se font les propagateurs de ces faux bruits; quand on songe que ce sont ceux-là mêmes qui, alors que la France épuisée demandait qu'on la laissât respirer, lui ont refusé la paix pendant des mois, avec obstination, uniquement pour fonder plus à loisir la forme de gouvernement qui leur convenait... (bravos prolongés à droite); quand on songe que ce sont les outranciers de la guerre qui se sont transformés ainsi, en un clin d'œil, en pacificateurs à tout prix, toujours dans le même intérêt des partis... (Très bien ! très bien ! à droite. — Réclamations à gauche.)

» *Plusieurs membres au centre.* — On n'entend rien !

» **M. PAUL DE CASSAGNAC.** — Je crois que vous entendez trop, au contraire !

» **M. LE PRÉSIDENT DU CONSEIL.** — Je suis prêt à répéter mes paroles, si vous le voulez. (Rires à droite.)

» **M. VICTOR PLESSIER.** — Il serait bon qu'on ne parlât pas pour un petit groupe, mais qu'on parlât pour toute la Chambre. Nous n'entendons rien du tout !

» *Un membre à droite.* — Si tout le monde faisait silence, on entendrait !

» **M. LE PRÉSIDENT DU CONSEIL.** — J'ai dit et je répète que, quand on songe quels sont les hommes qui se sont faits les propagateurs de cette calomnie ; quand on songe que ce sont les hommes qui, lorsque la France était épuisée et demandait à tout prix la paix, la lui ont refusée obstinément dans un intérêt de parti; quand on songe que ce sont ces hommes-là, que j'ai appelés les outranciers de la guerre, qui se sont transformés à vue d'œil en pacificateurs à tout prix... — Voilà ce que j'ai dit. Avez-vous entendu ? (Rumeurs à gauche. — Rires et applaudissements à droite.) Quand on songe que ce sont ces hommes qui ont aujourd'hui avec les feuilles allemandes des rapprochements sympathiques, car on nous a dit hier qu'elles ne tenaient à aucune connivence secrète, — mais il y a des rapports de langage si surprenants que tout le monde s'y méprend... (bruit à gauche; — très bien ! très bien ! à droite); — quand on songe que ce sont ceux-là qui accusent le parti conservateur de vouloir la guerre, on se demande jusqu'où peut aller le cynisme de certains partis et dans quel état serait la patrie si elle tombait dans leurs mains ! (Applaudissements répétés à droite. — Bruit à gauche.)

» Eh bien, messieurs, je l'avoue, quand j'ai vu ces calomnies se répandre avec un acharnement, une activité de propagande inouïe, par des brochures, des journaux, des agents de commerce, des colporteurs, sous toutes les formes, enfin ; quand j'ai vu cela, j'ai fait pour étouffer, pour arrêter cette diffusion du mensonge, tout ce qui était en mon pouvoir; tous les moyens légaux que j'avais, je les ai employés ; j'ai même regretté sur ce point de n'en avoir pas fait davantage. (Très bien ! très bien ! à droite.)

» Ainsi, quand on procédera à la vérification des pouvoirs, si on trouve, comme on l'a dit, que les magistrats des parquets ont poursuivi pendant l'élection des journaux et même des candidats, — et je ne sache pas que les candidats soient des personnes inviolables, qui aient le droit de commettre des délits (très bien ! à droite), si l'on trouve quelque ardeur dans les poursuites ejudiciairs, on verra que c'est toujours contre cette calomnie que, à mon instigation et à mon exemple, les magistrats se sont élevés. (Très bien ! à droite.) S'ils ont agi, c'est toujours pour empêcher qu'on ne dît, contrairement à la vérité, et qu'on insinuât que les élections conservatrices seraient une cause de guerre.

» Si j'ai agi avec cette vivacité et cette rigueur, ce n'était pas seulement dans un intérêt de parti et pour le bien de la cause conservatrice. Un autre motif m'animait. J'aurais voulu épargner à la France la plus grande humiliation qu'elle ait jamais éprouvée. C'est la première fois, — on peut consulter son histoire, — c'est la première fois qu'on a vu intervenir dans nos délibérations intérieures la menace supposée ou vraie de l'étranger. (Applaudissements à droite.) Cela n'était jamais arrivé, pas même au lendemain de 1815, sous ce gouvernement de la Restauration qu'on avait accusé d'être revenu avec l'étranger. Jamais on n'avait voulu se servir d'une arme pareille ! (Nouveaux applaudissements à droite.) Et quand une fois, en 1818, un parti extrême l'a essayé, le roi Louis XVIII et tout son parti l'ont à l'instant renié.

» J'ai vu depuis lors, sous le gouvernement de Louis-Philippe, l'Europe très hostile pour cette dynastie naissante ; j'ai vu les difficultés qu'avait à conserver la paix l'illustre Casimir Périer. Eh bien, jamais, dans les élections de cette époque, ce grand ministre ne s'est servi, pour faire élire des députés conservateurs, de cet argument de la crainte de la guerre... (Nouveaux applaudissements à droite.)

» J'ai vu, depuis lors, M. Guizot accusé de vouloir la paix à tout prix et de faire de la paix le ressort de sa politique ; mais je n'ai jamais vu qu'il se servît d'un pareil moyen, et tandis qu'il faisait tout pour éviter la guerre, je n'ai jamais vu qu'il essayât d'agir sur le corps électoral par la crainte de l'étranger.

» Il vous était réservé, Messieurs, d'avoir le mérite de l'invention. (Très bien ! très bien ! à droite.)

» J'ai voulu épargner cette honte à mon pays, je l'ai voulu, j'en ressentais une douleur trop naturelle, car, il faut tout dire, cette intervention de l'étranger dans nos affaires intérieures, ce serait, si l'on y persistait, le signe de la décadence irrémédiable de la patrie. (Mouvement.)

» Lisez l'histoire et ses tristes leçons : n'est-ce pas sur l'Agora d'Athènes mourante qu'on évoquait le fantôme de Philippe de Macédoine ? N'est-ce pas dans les Diètes de Pologne qu'on se retournait, avant de voter, pour savoir ce que pensaient et ce que voulaient les ambassadeurs de Catherine ? (Applaudissements à droite.)

» J'ai voulu épargner cela à mon pays, et voilà pourquoi j'ai employé toutes les ressources que la légalité me donnait, en regrettant, comme je l'ai dit, de n'en avoir pas davantage. Et je n'ai pas réussi.

» Non, cette calomnie s'est répandue malgré tous les moyens légaux que j'ai employés ; elle a déterminé, à la dernière heure, le succès des élections. Vous avez réussi à précipiter vers le scrutin des masses épeurées, alarmées.

» **M. GAMBETTA.** — Vous injuriez la France, monsieur ! (Applaudissements prolongés à gauche et au centre.)

» *A droite.* — Non ! non ! — Très bien ! très bien !

» **M. LE PRÉSIDENT.** — Monsieur Gambetta, vous devez d'autant moins interrompre que vous avez demandé la parole.

» **M. LE PRÉSIDENT DU CONSEIL.** — Vous avez réussi à entraîner des masses alarmées pour leurs intérêts les plus chers de sécurité et de famille. Vous êtes arrivé, à ce prix, au succès imparfait que vous avez obtenu. (Très bien ! très bien ! à droite.)

» Je ne sais pas si c'est cela qu'on appelé l'autre jour l'émancipation et la virilité du suffrage universel ; ce que je sais, c'est qu'il y a 3,600,000 Français qui n'ont pas cédé à cet égarement, et qui sont heureux de trouver encore debout des pouvoirs qui y étaient, comme eux, restés étrangers... (approbation à droite), et qui restent pour les protéger contre le despotisme d'une Convention nouvelle. (Bravos à droite.)

» Et, maintenant, faites ou ne faites pas votre enquête, appelez ou n'appelez pas vos témoins intéressés! Comme gouvernement, nous protestons au nom de la loi; comme citoyens, nous nous inscrivons en faux devant l'équité de l'histoire et la justice du pays. (Bravos et applaudissements prolongés à droite.) »

Voici tout le passage du discours de M. Gambetta, qui répond à cette partie du discours du duc de Broglie :

« L'orateur auquel j'ai l'honneur de répondre vient d'épuiser toutes les ressources de sa diplomatie à établir, au sujet du scrutin du mois d'octobre 1877, le même sophisme qu'il s'est appliqué à établir après le scrutin de 1876. Et quel était ce sophisme? c'est que si la France s'était prononcée pour la République en février 1876, c'est parce qu'on avait abusé du nom du maréchal de Mac-Mahon. Et aujourd'hui, que dit-on? on dit que si la France a renouvelé son affirmation, cette majorité n'est entrée ici que poussée par un sentiment de terreur du pays en proie aux craintes de la guerre. Voilà le système! (Nouveaux applaudissements à gauche et au centre.)

» ... Comme il ne serait plus de mise, à l'heure actuelle, de soutenir que le nom du maréchal a pesé dans le scrutin, vous cherchez une autre équivoque, d'autres combinaisons, un autre mensonge, et vous vous efforcez de faire croire que c'est la peur de la guerre qui nous a amenés ici. (Applaudissements à gauche et au centre.)

» Eh bien, il est peut-être temps aujourd'hui de dire pour tout le monde, pour la minorité, pour la majorité, pour le pays, pour le Sénat, pour le pouvoir lui-même, que cet artifice n'est pas plus sérieux que le premier... (exclamations à droite; — applaudissement à gauche et au centre) ... et que s'il amenait une seconde dissolution, sur le caractère délictueux de laquelle on appelait hier votre attention, il aurait le même caractère et produirait les mêmes résultats pour la conscience nationale. (Bravos à gauche et au centre.)

» Mais, messieurs, est-ce que je vais m'attarder à mon tour à discuter ces fictions si ingénieuses, si artistement préparées et ciselées qu'elles soient? Je ne connais qu'une chose : aller droit au fond des questions. Eh bien, quelle est la vérité? La voici : Au 16 mai, une minorité a pris le pouvoir, etc. »

(Journal officiel du 16 novembre 1877.)

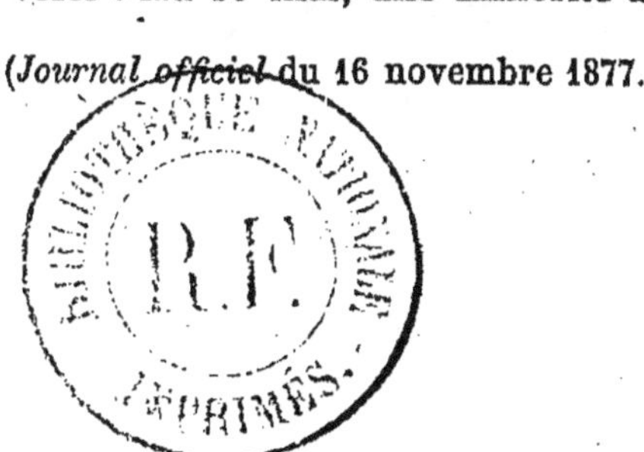